CARRÉS CLASSIQUES

Collection LYCÉE dirigée par
Sophie Pailloux-Riggi
Agrégée de Lettres modernes

Une terre et des hommes

Anthologie

Édition présentée par
Anne-Laure Favier
Agrégée de Lettres modernes

Nathan

sommaire

Introduction 5
Repères chronologiques 9

Lire *Une terre et des hommes*

I. Écritures botaniques
1. Virgile, *Les Géorgiques*, -30 av. J.-C. 16
2. Jean de La Bruyère, *Les Caractères*, 1688 18
3. Buffon, *Histoire naturelle, générale et particulière*, 1749 19
4. Jean-Jacques Rousseau, *Les Rêveries du promeneur solitaire*, 1782 21
5. Gustave Flaubert, *Bouvard et Pécuchet*, 1881 23
6. Émile Zola, *La Terre*, 1887 26
7. Francis Hallé, *Atlas de botanique poétique*, 2016 28
Lire le corpus 31
Pause lecture 1 Où la curiosité du fleuriste le mène-t-elle ? 32
Pause lecture 2 Comment aller de botanique en bêtise ? 33

II. Peintures de la vie sauvage
8. Honoré d'Urfé, *L'Astrée*, 1607-1627 36
9. Daniel Defoe, *Robinson Crusoé*, 1719 38
10. Voltaire, *Poème sur le désastre de Lisbonne*, 1756 41
11. Henry David Thoreau, *Walden ou la vie dans les bois*, 1854 43
12. Lautréamont, *Les Chants de Maldoror*, 1869 45
13. Victor Hugo, *Toute la lyre*, 1888 48
14. Jean Giono, *Un de Baumugnes*, 1929 50
15. Louis-Ferdinand Céline, *Voyage au bout de la nuit*, 1932 54
Lire le corpus 56
Pause lecture 3 Quelle leçon tirer d'une nature hostile ? 57

Dossier central images en couleur

ISBN : 978-209-188702-9

Pause lecture 4 Comment chanter l'orage ? 58
Analyse d'image 1 *Allégorie de la tulipomanie* de Jan Bruegel, vers 1640 59

III. À l'écoute de la Terre

16. Lucrèce, *De rerum natura*, Ier siècle av. J.-C 62
17. Michel de Montaigne, *Essais*, 1580 64
18. Francis Ponge, *Le Parti pris des choses*, 1942 66
19. Jim Harrison, *Dalva*, 1988 68
20. Maylis de Kerangal, *Naissance d'un pont*, 2010 70
21. Sophie Loizeau, *Ma maîtresse forme*, 2016 74
22. Wajdi Mouawad, *Anima*, 2012 72
Lire le corpus 76
Pause lecture 5 Comment faire parler les choses muettes de la nature ? 77
Pause lecture 6 Comment dire le rapport ambivalent des hommes à la terre ? 78
Analyse d'image 2 *Les Îles, #530,* de Jean-François Spricigo, 2013 79

IV. Des arbres et des hommes

23. Platon, *Phèdre*, vers 370 av. J.-C 82
24. Ovide, *Les Métamorphoses*, Ier siècle ap. J.-C 84
25. Pierre de Ronsard, *Sonnets pour Hélène*, 1578 86
26. Jean Giono, *Un roi sans divertissement*, 1947 87
27. Yves Bonnefoy, *Du mouvement et de l'immobilité de Douve*, 1953 89
28. Édouard Glissant et Patrick Chamoiseau, *Lettre ouverte à propos du cyclone Dean*, 2007 90
Lire le corpus 92
Pause lecture 7 Comment unir l'arbre et l'amour ? 93
Pause lecture 8 L'arbre : force de vie, force de mort ? 94
Analyse d'image 3 *L'Arbre aux échelles*, de François Méchain, 2009 95

V. Des jardins et une rose

29. Homère, *Odyssée*, VIIIe siècle av. J.-C. 98
30. Chrétien de Troyes, *Érec et Énide*, vers 1170 99
31. François Rabelais, *Gargantua*, 1532 101
32. Madeleine de Scudéry, *La Promenade de Versailles*, 1669 103
33. Victor Hugo, *Les Misérables*, 1862 105

sommaire

34. Louis Aragon, *Aurélien*, 1944 107
35. Dominique Fourcade, *Rose déclic*, 1984 110
Lire le corpus 112
Pause lecture 9 Que révèle le jardin romantique ? 113
Pause lecture 10 Que devient une rêverie amoureuse au jardin ? 114
Analyse d'image 4 *Le Verger de déduit*, enluminure pour *Le Roman de la rose*, 1069 115

Relire *Une terre et des hommes*

■ L'œuvre en débat
Comment la littérature peut-elle s'emparer de la question écologique ? 118

■ Vers l'écrit du BAC
1. Une nature artificielle ? 123
2. La nature, un miroir de l'homme ? 128

■ Question d'actualité ....
Comment comprendre l'engouement pour les fictions catastrophes ? 135

■ Rencontre avec...
Francis Hallé 139

■ Index 142

Littérature et écologie : le risque d'un anachronisme ?

Cette anthologie se propose d'examiner le lien entre littérature et nature, d'interroger ce que pourrait être une écriture de la nature, de la terre. En d'autres termes, le présent ouvrage s'attache notamment à saisir les relations entre la littérature et l'écologie au sens large du mot. Très récent (il apparaît la première fois en 1910), le mot « écologie » a pour étymologie *oikos*, « la maison » et *logos* qui signifie à la fois « discours, langage, savoir ». Le mot désigne aussi bien une discipline scientifique qui étudie les interactions entre les êtres vivants (humains, animaux, végétaux) qu'un ensemble de préoccupations qui placent la nature (et sa protection) en leur centre. Ne risque-t-on pas alors l'anachronisme à rapprocher ce terme si moderne de textes de la littérature antique, médiévale, ou classique ? On verra cependant qu'au-delà d'une considération strictement écologique, les textes littéraires ont toujours accordé une large place à la question de la nature, interrogeant par là-même en des voies et des formes diverses la relation de l'homme avec elle. Le sujet est donc riche d'un héritage pluriel.

La nature : un singulier pour un pluriel ?

La nature dans les textes littéraires peut apparaître comme le grand Tout, un être personnifié (« Dame Nature »), à l'origine de toutes les catastrophes et de toutes les merveilles, et en même temps, un être à plus petite échelle, l'arbre, souverain du monde végétal, ou encore le jardin, lieu où justement nature et culture se rejoignent.
Outre cette diversité de conceptions et de motifs, on peut lire la présence de la nature à l'aune des émotions qu'elle suscite chez les hommes : tantôt admiration, confiance, curiosité, tantôt méfiance, effroi, rejet. La palette est large et les sentiments parfois mêlés. Le célèbre physicien Albert Einstein, un spécialiste de la nature, déclare en 1934 : « la joie de contempler et de comprendre, voilà le langage que me porte la nature ». Elle est en effet souvent un objet d'étude que l'homme, par de constantes recherches, en physique, en biologie, en botanique,

en agriculture et par maintes observations, tente d'analyser et de comprendre : en témoignent les ouvrages des savants de l'antiquité (Épicure, Lucrèce, Pline...), comme ceux des spécialistes de l'histoire naturelle dans des époques plus modernes (Buffon, Linné, Darwin...). Aux côtés de cette approche scientifique de la nature, on trouve, sans qu'elle exclue la première, une approche poétique qui fait dire à l'écrivain allemand Novalis (1772-1801) : « le poète comprend la nature mieux que l'homme de sciences » ; parce qu'il sait la voir et l'écouter, il lui donne une présence, une voix et un langage.

Quels que soient le visage et l'approche de la nature retenus, il apparaît donc que la littérature *écologique* ne livre pas le tableau d'une nature unique, homogène mais en dévoile au contraire le caractère divers, mobile, changeant.

Une affaire d'époque ?

L'étude de textes littéraires relatifs à la nature révèle également qu'il n'y a pas de parole univoque et fixe à son propos : la manière dont on conçoit et dont on écrit la nature semble un concentré de spécificités littéraires, esthétiques et artistiques d'une époque. Ainsi lire *Une terre et des hommes*, c'est aussi partir à la découverte d'une multitude de genres littéraires : il s'agit donc de (re)découvrir le monde des bergers dans la pastorale, de s'enhardir sur les terres de la robinsonnade, d'embrasser les descriptions de l'Histoire naturelle, de déchiffrer au jardin les codes de la littérature courtoise du Moyen Âge ou ceux de la littérature galante du XVIIe siècle, d'arpenter les grands espaces du *nature writing* (littéralement, « écrire la nature ») américain puis français...

Cette richesse de formes et de genres est aussi et surtout révélatrice du rapport de l'homme à la nature. On peut ainsi interroger la littérature en ces termes : que nous dit-elle de notre rapport complexe à la nature ? La nature est indiscipline, foisonnement, imprévisibilité : elle peut en cela apparaître comme hostile (p. 34 et suivantes) et l'homme alors de se prémunir de toute dépendance à son égard : il cherchera à la contenir, à l'assujettir.

introduction

Le jardin littéraire est la preuve de cette empreinte humaine, culturelle sur la nature : les nombreuses descriptions de jardins que comprend la littérature sont ainsi la marque d'une nature parfois artificielle mais idéale parce que maîtrisée et sublimée. Mais on peut aussi constater que l'homme cherche dans la nature un refuge, une retraite, un lieu vierge de toute société, de toute culture : il prône alors, à l'instar de l'américain Thoreau un nouveau mode relationnel entre l'homme et la nature sauvage car « il faut être perdu, il faut avoir perdu le monde pour se trouver soi-même ». Par conséquent, si l'on a dit que la littérature révélait notre rapport à la nature, il convient de préciser que par un effet de miroir complexe, la nature telle qu'elle apparaît dans les textes est aussi un révélateur de l'homme : notre rapport à la nature dit *quelque chose* de l'homme. Les textes qui suivent mettent à jour la bêtise, le caractère profondément sauvage, ou déraisonnable de l'homme, mais aussi, sa capacité à *s'humilier*, c'est-à-dire à reconnaître sa petitesse, à admirer, à s'émouvoir.

Des textes pour maintenant ?

La littérature contemporaine n'est en effet pas indifférente à la crise écologique. Elle souligne le caractère ambivalent, voire ambigu de l'homme à l'égard de la nature, qui tout à la fois l'épuise, la malmène et l'écoute, elle imagine des fictions post-apocalyptiques où l'homme tente de survivre dans un monde dévasté par quelque catastrophe naturelle dans laquelle il a sa responsabilité. La littérature écologique contemporaine, tout comme celle d'autres époques, fixe les angoisses et les espoirs de l'homme. On voit ainsi (re)naître par exemple des moyens littéraires, poétiques et artistiques qui cherchent à *désanthropomorphiser* l'écriture de la nature, c'est-à-dire à retirer autant que possible son caractère humain à toute approche de la nature, et préférer ainsi à la vision humaine, celle qui adopterait « l'œil de la terre ».

Ces tentatives littéraires peuvent être une des réponses possibles à l'interrogation de Jean-Claude Pinson : « Que peut la littérature au regard de la catastrophe écologique qui menace ? » et une invitation

à poursuivre alors son questionnement : « Peut-elle contribuer à une habitation non mortifère de la terre ? [...] Quelle est sa façon singulière, spécifique, de suggérer l'invention de formes de vie expérimentables *hic et nunc [ici et maintenant]* et capables de donner une autre qualité (une autre intensité, une autre vitesse – ou lenteur) à l'existence ? »
Ainsi les questions posées au cours de cette introduction – quelle place la nature tient-elle dans la littérature ? pour quels enjeux ? – restent ouvertes, car comme l'écrit Montaigne (p. 64), toutes choses remuent « sans cesse : la terre, les rochers du Caucase, les pyramides d'Égypte » et tout, jusqu'à la parole et l'écriture, est soumis à « une ivresse naturelle ». Mais ces questions n'en sont pas moins toujours urgentes. « Vous êtes perdus si vous oubliez que les fruits sont à tous et que la terre n'est à personne » (J.-J. Rousseau, *Discours sur l'origine et les fondements de l'inégalité parmi les hommes*, 1755). ■

repères chronologiques

<table>
<tr><th>Événements marquants</th><th>Auteurs évoqués dans Une terre et des hommes</th></tr>
<tr><td>XIIe siècle av. J.-C. (?) : Guerre de Troie.</td><td rowspan="19">Homère, Odyssée, fin VIIIe siècle av. J.-C.
Platon, Phèdre, IVe siècle av. J.-C.
Lucrèce, De rerum natura, Ier siècle av. J.-C.
Virgile, Les Géorgiques, Ier siècle av. J.-C.
Ovide, Les Métamorphoses, Ier siècle ap. J.-C.

Chrétien de Troyes, Érec et Énide, v. 1170

Rabelais, Gargantua, 1532
Du Bartas, La première semaine, 1578
Ronsard, Sonnets pour Hélène, 1578
Montaigne, Essais, 1580
D'Urfé, L'Astrée, 1607-1627

Saint-Amant, L'Hiver des Alpes, 1643
La Fontaine, Élégie aux nymphes de Vaux, 1661
La Bruyère, Les Caractères, 1688
Scudéry, La Promenade de Versailles, 1669
Fénelon, Les Aventures de Télémaque, 1699

Defoe, Robinson Crusoé, 1719
Buffon, Histoire naturelle, 1749
Voltaire, Poème sur le désastre de Lisbonne, 1756
Diderot, Essai sur la peinture, 1766
Rousseau, Rêveries du promeneur solitaire, 1782</td></tr>
<tr><td>Ve s. av. J.-C. : Âge d'or de la démocratie athénienne – siècle de Périclès, stratège d'Athènes.</td></tr>
<tr><td>Ier s. av. J.-C. : Jules César, dictateur à vie, puis règne de l'empereur Auguste.</td></tr>
<tr><td>XIe siècle : Règne des Comtes de Champagne.</td></tr>
<tr><td>1095 : Début des premières croisades.</td></tr>
<tr><td>1099 : Prise de Jérusalem.</td></tr>
<tr><td>1515-1547 : Règne de François Ier.</td></tr>
<tr><td>1547-1559 : Règne de Henri II.</td></tr>
<tr><td>1560-1610 : Guerres de religion.</td></tr>
<tr><td>1572 : Massacres de la St-Barthélémy.</td></tr>
<tr><td>1599 : Édit de Nantes.</td></tr>
<tr><td>1610 : Assassinat d'Henri IV.</td></tr>
<tr><td>1643-1715 : Régence d'Anne d'Autriche, mère de Louis XIV puis règne effectif de Louis XIV.</td></tr>
<tr><td>1714-1727 : Règne de Georges Ier (Angleterre).</td></tr>
<tr><td>1715-1774 : Règne de Louis XV.</td></tr>
<tr><td>1755 : Tremblement de terre de Lisbonne.</td></tr>
<tr><td>1774-1793 : Règne de Louis XVI.</td></tr>
<tr><td>1789 : Révolution française, prise de la Bastille.</td></tr>
<tr><td>1799 : Directoire de Bonaparte.</td></tr>
</table>

Événements marquants	Auteurs évoqués dans *Une terre et des hommes*
1804 : Sacre de Louis Napoléon Bonaparte.	**Chateaubriand**, *René*, 1802
1804-1814 : Ier Empire.	
1814-1824 : Restauration.	**Thoreau**, *Walden*, 1854 **Baudelaire**, *Les Fleurs du mal*, 1857
1830 : Révolution des Trois Glorieuses.	
1848 : Révolution, fin de la monarchie.	**Hugo**, *Les Misérables*, 1862
1848-1851 : IIe République.	**Lautréamont**, *Les Chants de Maldoror*, 1869
1851 : Coup d'État de Louis Napoléon III.	**Zola**, *La Terre*, 1887
1852-1871 : Second Empire.	**Hugo**, *Toute la lyre*, posth. 1888
1854 : Naissance officielle du « Territoire indien » (États-Unis).	**Tchekhov**, *La Steppe*, 1888 **Conrad**, *Au cœur des ténèbres*, 1899
1871 : Guerre franco-prussienne.	**Giono,** *Un de Baumugnes*, 1929
1885 : Congrès de Berlin, partage de l'Afrique noire entre les grandes puissances européennes.	**Céline**, *Voyage au bout de la nuit*, 1932 **Yourcenar,** *Comment Wang-Fô fut sauvé*, 1936
1914-1918 : Première Guerre mondiale.	**Ponge**, *Le Parti pris des choses*, 1942
1929 : Krach boursier de Wall Street (États-Unis), répercussions mondiales.	**Aragon**, *Aurélien*, 1944 **Giono**, *Un roi sans divertissement*, 1947
1933 : Début du IIIe Reich, Hitler nommé chancelier d'Allemagne.	**Bonnefoy,** *Du mouvement et de l'immobilité de Douve*, 1953
1939-1945 : Seconde Guerre mondiale.	**Fourcade,** *Rose-déclic*, 1984
1947-1959 : IVe République.	**Harrison,** *Dalva*, 1988
1956-1960 : Décolonisation de l'Afrique noire.	

repères chronologiques

<table>
<tr><th>Événements marquants</th><th>Auteurs évoqués dans Une terre et des hommes</th></tr>
<tr><td>1968 : Début de la Ve République, Charles de Gaulle, président.</td><td rowspan="3">Houellebecq, La possibilité d'une île, 2005
Mac Carthy, La Route, 2006
Glissant et Chamoiseau, Lettre ouverte, 2007
Kerangal, Naissance d'un pont, 2010
Mouawad, Anima, 2012</td></tr>
<tr><td>1988-1992 : George Bush, président (États-Unis).</td></tr>
<tr><td>1991 : Première guerre du Golfe.</td></tr>
<tr><td>1997 : Accords de Kyoto sur le climat.</td><td rowspan="3">Roland Emmerich, Le jour d'après, 2004
Hallé, Atlas de botanique poétique, 2016
Loizeau, Ma maîtresse forme, 2016</td></tr>
<tr><td>2016 : COP XXI à Paris.</td></tr>
<tr><td>2017 : Donald Trump, président des États-Unis, se retire des accords de Paris sur le climat.</td></tr>
</table>

« *Un lac, [...] c'est l'œil de la terre, où le spectateur, en y plongeant le sien, sonde la profondeur de sa propre nature.* »

Henry David Thoreau, *Walden ou la vie dans les bois*, 1854.

Lire...
Une terre et des hommes

Anthologie

sommaire

I Écritures botaniques 14
II Peintures de la vie sauvage 34
III À l'écoute de la Terre 60
IV Des arbres et des hommes 80
V Des jardins et une rose 96

I Écritures botaniques

La botanique désigne étymologiquement la « science des végétaux ». Ce terme renvoie à la plante dans sa vocation nourricière mais prend aussi une orientation médicale voire agronomique au fil du temps. Écrire la nature et son développement nécessite observation, minutie, vocabulaire technique. « Grandes vues d'un génie » et « petites attentions » (Buffon) sont requises pour embrasser un si vaste sujet. Mais les écritures botaniques abordent aussi l'asservissement des hommes à cette terre qu'il faut faire fructifier : c'est alors l'effort, le labeur, parfois la folie des hommes qu'elles dépeignent. Or cette attention portée à l'évolution et à l'exploitation du monde végétal, favorise une récolte d'un autre type, qui interroge et révèle en définitive la relation de l'homme à la terre et invite à un « retour humiliant » (Buffon) sur lui-même.

« La terre, […] ce magasin rempli de choses diverses. »
(Buffon)

Dans ce corpus, on verra donc que l'hymne à la nature s'accompagne d'une exhortation au labeur comme dans *Les Géorgiques* de Virgile (texte 1) ou à l'humilité comme chez Buffon (texte 3). Mais l'écriture botanique met aussi en relief les dérives humaines : La Bruyère moque l'effet de mode de la « tulipomanie » (texte 2), Rousseau dans *Les Rêveries* regrette l'usage strictement utilitaire de la botanique (texte 4). Quand Flaubert dévoile l'épuisement bête de Bouvard et de Pécuchet (texte 5), Zola peint, lui, la violence du monde paysan (texte 6). Enfin, Francis Hallé nous invite à redécouvrir le trésor qu'est la nature, cet « antidote aux nuisances contemporaines » (texte 7).

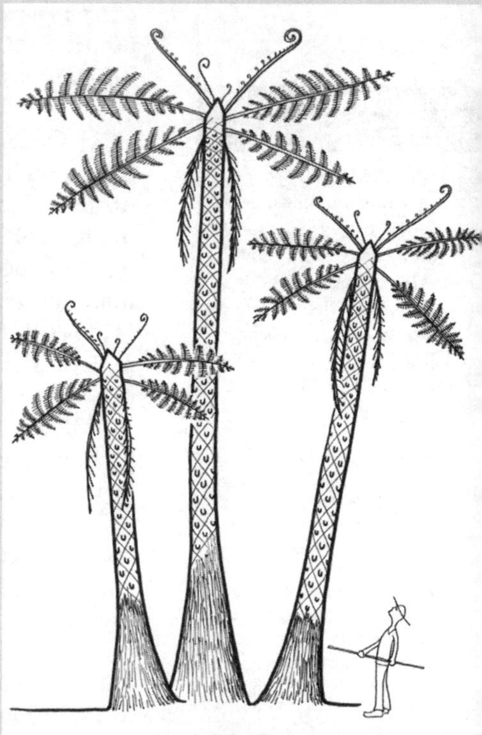

Francis Hallé, *La grande fougère arborescente d'Afrique*, dans *Atlas de botanique poétique*, édition Arthaud, 2016.

TEXTE 1 • VIRGILE, *Les Géorgiques*, 30 av. J.-C.

Dans ce vaste poème composé de quatre chants, commandé par l'empereur Auguste, Virgile fait l'éloge de la vie rurale. Pour écrire cet hymne à la nature et au travail humain, Virgile a séjourné en Campanie, dans le sud de l'Italie, en 37 et 30 av. J.-C. et a recueilli une vaste documentation. L'extrait suivant constitue l'ouverture de l'œuvre.

VIRGILE
(70 av. J.-C-19 av. J.-C.)

Poète latin (Ier s. av. J.-C.). Il a soutenu un idéal de vie en rapport étroit avec la Nature dans ses œuvres : *Les Bucoliques* (poèmes pastoraux), *Les Géorgiques*, et, l'*Énéide* (épopée inachevée retraçant le voyage d'Énée, de Troie à l'Italie).

[1,1] Quel art fait les grasses moissons ; sous quel astre, Mécène[1], il convient de retourner la terre et de marier aux ormeaux[2] les vignes ; quels soins il faut donner aux bœufs, quelle sollicitude[3] apporter à l'élevage du troupeau ; quelle expérience à celle des abeilles économes, voilà ce que maintenant je vais chanter. [...]

[1,50-70] Chaque terre ayant ses qualités propres, on réglera d'après la nature du fonds le temps et le nombre des façons à lui donner.

[1,50] Mais avant de fendre avec le fer une campagne inconnue, qu'on ait soin d'étudier au préalable les vents, la nature variable du climat, les traditions de culture et les caractères des lieux, et ce que donne ou refuse chaque contrée. Ici les moissons viennent mieux ; là, les raisins ; ailleurs les fruits des arbres et les herbages verdoient d'eux-mêmes. Ne vois-tu pas comme le Tmolus nous envoie ses crocus[4] odorants, l'Inde son ivoire, les mols Sabéens leurs encens, tandis que les Chalybes nus nous donnent le fer, le Pont son fétide baume de castor[5], l'Épire[6] les palmes des cavales d'Élis[7] ? [1,60] Telles sont les lois et les conditions éternelles que la nature a, dès le début, imposées à des lieux déterminés, lorsqu'aux premiers temps du

1. Caïus Mécène est un homme d'État ayant protégé Virgile. Un mécène désigne aujourd'hui toute personne qui protège et finance les arts et les lettres.
2. Jeunes ormes (arbre).
3. Soin, attention.
4. Petites fleurs bleues.
5. Sécrétion huileuse et malodorante, extraite des glandes de l'animal pour soigner les plaies et les maux de tête.
6. Tmolus, Sabéens, Chalybes, Pont, Épire : peuples et régions du monde antique.
7. Ancienne ville grecque.

monde Deucalion[8] jeta sur le globe vide les pierres d'où les hommes naquirent, dure engeance. Courage donc ! si le sol est de terre glaise[9], que dès les premiers mois de l'année de forts taureaux le retournent et que l'été poudreux cuise les mottes exposées aux rayons du soleil ; mais si le sol est peu fécond, il suffira d'y tracer, juste au retour de l'Arcture[10], un mince sillon : là, pour que les herbes ne fassent tort aux grasses récoltes ; [1,70] ici, pour que le peu d'eau qui l'humecte abandonne un sable stérile.

Préambule, trad. Maurice Rat, © Flammarion, 1932.

8. Ce fils du titan Prométhée et de Pronoïa fut le seul à être soustrait au déluge déclenché par Zeus. Pour repeupler le monde, son épouse et lui doivent jeter les os de la Terre (les pierres) derrière eux.
9. Terre grasse, imperméable.
10. Étoile appartenant à la constellation du Bouvier.

Les Géorgiques, Virgile, Bibliothèque apostolique du Vatican.

TEXTE 2 • Jean de La Bruyère, *Les Caractères*, 1688

Jean de La Bruyère (1645-1696).

Son unique œuvre, *Les Caractères*, connut plusieurs versions entre 1688 et 1694. Pour ce moraliste classique, le but tient tout entier dans cette formule : « peindre l'homme » tel qu'il se montre.

Fruit d'un travail de dix-sept ans, Les Caractères *regroupe un ensemble de maximes, réflexions et portraits rattachés à un propos moraliste. Dans le chapitre XIII, le portrait du fleuriste inaugure une série de « curieux » assujettis aux modes.*

Le fleuriste a un jardin dans un faubourg, il y court au lever du soleil, et il en revient à son coucher ; vous le voyez planté, et qui a pris racine au milieu de ses tulipes et devant la solitaire[1], il ouvre de grands yeux, il frotte ses mains, il se baisse, il la voit de plus près, il ne l'a jamais vue si belle, il a le cœur épanoui de joie ; il la quitte pour l'orientale, de là il va à la veuve[2], il passe au drap d'or, de celle-ci à l'agathe[3], d'où il revient enfin à la solitaire, où il se fixe, où il se lasse, où il s'assit, où il oublie de dîner ; aussi est-elle nuancée, bordée, huilée, à pièces emportées, elle a un beau vase ou un beau calice ; il la contemple, il l'admire, Dieu et la nature sont en tout cela ce qu'il n'admire point, il ne va pas plus loin que l'oignon de sa tulipe qu'il ne livrerait pas pour mille écus, et qu'il donnera pour rien quand les tulipes seront négligées, et que les œillets auront prévalu. Cet homme raisonnable[4], qui a une âme, qui a un culte et une religion, revient chez soi fatigué, affamé, mais fort content de sa journée ; il a vu des tulipes.

Chap. XIII, « De la mode », 1688.

1. Fleur unique, isolée au niveau du pédoncule.
2. Fleur d'un noir pourpré.
3. Variété de tulipe.
4. Capable d'activité logique, de raisonnement.

Buffon, *Histoire naturelle, générale et particulière*, 1749

Rédigé sur près de cinquante ans par le comte de Buffon, cet ouvrage monumental regroupe 36 volumes. Il s'ouvre par un long discours sur la façon d'étudier les sciences naturelles. S'y exprime l'ambition encyclopédique d'une Histoire naturelle destinée aussi bien aux savants qu'au grand public.

Premier discours

De la manière d'étudier et de traiter l'Histoire Naturelle

L'Histoire Naturelle, prise dans toute son étendue, est une Histoire immense, elle embrasse tous les objets que nous présente l'Univers. Cette multitude prodigieuse de Quadrupèdes, d'Oiseaux, de Poissons, d'Insectes, de Plantes, de Minéraux, etc. offre à la curiosité de l'esprit humain un vaste spectacle, dont l'ensemble est si grand qu'il paraît et qu'il est en effet inépuisable dans les détails. Une seule partie de l'Histoire Naturelle, comme l'Histoire des Insectes, ou l'Histoire des Plantes, suffit pour occuper plusieurs hommes ; et les plus habiles Observateurs n'ont donné après un travail de plusieurs années, que des ébauches assez imparfaites des objets trop multipliés que présentent ces branches particulières de l'Histoire Naturelle, auxquelles ils s'étaient uniquement attachés : [...] il y a une espèce de force de génie et de courage d'esprit à pouvoir envisager, sans s'étonner, la Nature dans la multitude innombrable de ses productions, et à se croire capable de les comprendre et de les comparer ; il y a

Buffon (1707-1778)

Naturaliste et écrivain français. Il devient en 1739 intendant du Jardin du roi (l'actuel Jardin des Plantes). La richesse de son *Histoire naturelle* en a fait un puissant vecteur de diffusion des connaissances scientifiques au siècle des Lumières.

une espèce de goût à les aimer, plus grand que le goût qui n'a pour but que des objets particuliers ; et l'on peut dire que l'amour de l'étude de la Nature suppose dans l'esprit deux qualités qui paraissent opposées, les grandes vues d'un génie ardent qui embrasse tout d'un coup d'œil, et les petites attentions d'un instinct laborieux[1] qui ne s'attache qu'à un seul point. Le premier obstacle qui se présente dans l'étude de l'Histoire Naturelle, vient de cette grande multitude d'objets ; mais la variété de ces mêmes objets, et la difficulté de rassembler les productions des différents climats, forment un autre obstacle à l'avancement de nos connaissances, qui paraît invincible, et qu'en effet le travail seul ne peut surmonter ; ce n'est qu'à force de temps, de soins, de dépenses, et souvent par des hasards heureux, qu'on peut se procurer des individus bien conservés de chaque espèce d'animaux, de plantes ou de minéraux, et former une collection bien rangée de tous les ouvrages de la Nature. Mais lorsqu'on est parvenu à rassembler des échantillons de tout ce qui peuple l'Univers, lorsqu'après bien des peines on a mis dans un même lieu des modèles de tout ce qui se trouve répandu avec profusion sur la terre, et qu'on jette pour la première fois les yeux sur ce magasin rempli de choses diverses, nouvelles et étrangères, la première sensation qui en résulte, est un étonnement mêlé d'admiration, et la première réflexion qui suit, est un retour humiliant sur nous-mêmes.

Tome Premier.

1. Qui travaille durement.

Jean-Jacques ROUSSEAU,
Rêveries du promeneur solitaire, 1782

Dans cette œuvre, Rousseau effectue un retour sur lui-même : chaque « promenade » (ainsi s'intitulent les chapitres) sublime les sensations de l'existence au contact du monde. La « Septième promenade » évoque l'herborisation et la connaissance du monde végétal. La passion botanique est chez Rousseau consolante. Il regrette cependant le goût de son époque pour le « jardin d'apothicaire », qui restreint l'étude des fleurs à leur seule fonction utilitaire : la médecine.

Une autre chose contribue encore à éloigner du règne végétal l'attention des gens de goût ; c'est l'habitude de ne chercher dans les plantes que des drogues et des remèdes. […] On ne conçoit pas que l'organisation végétale puisse par elle-même mériter quelque attention ; des gens qui passent leur vie à arranger[1] savamment des coquilles se moquent de la botanique comme d'une étude inutile quand on n'y joint pas, comme ils disent, celle des propriétés, c'est-à-dire quand on n'abandonne pas l'observation de la nature qui ne ment point et qui ne nous dit rien de tout cela, pour se livrer uniquement à l'autorité des hommes qui sont menteurs et qui affirment beaucoup de choses qu'il faut croire sur une parole, fondée elle-même le plus souvent sur l'autorité d'autrui. Arrêtez-vous dans une prairie émaillée[2] à examiner successivement les fleurs dont elle brille, ceux qui vous verront faire, vous prenant pour un frater[3], vous demanderont des herbes pour guérir la rogne des enfants, la gale[4] des hommes ou la morve[5] des chevaux.

Jean-Jacques ROUSSEAU (1712-1778)

L'œuvre de ce philosophe et écrivain s'étend du roman épistolaire (*La Nouvelle Héloïse*) à l'autobiographie (*Les Confessions*) et embrasse des domaines et des genres variés. Sa sensibilité à la nature et son goût de la solitude lui valent la reconnaissance des écrivains romantiques.

1. Ranger, organiser.
2. Ici ornée, embellie par des fleurs de couleurs vives.
3. Garçon chirurgien.
4. Maladie de peau.
5. Grave maladie contagieuse.

Ce dégoûtant préjugé est détruit en partie dans les autres pays et surtout en Angleterre grâce à Linnæus[1] qui a un peu tiré la botanique des écoles de la pharmacie pour la rendre à l'histoire naturelle et aux usages économiques, mais en France où cette étude a moins pénétré chez les gens du monde, on est resté sur ce point tellement barbare qu'un bel esprit de Paris voyant à Londres tel jardin de curieux plein d'arbres et de plantes rares s'écria pour tout éloge : Voilà un fort beau jardin d'apothicaire ! À ce compte le premier apothicaire fut Adam. Car il n'est pas aisé d'imaginer un jardin mieux assorti de plantes que celui d'Éden.

Ces idées médicinales ne sont assurément guère propres à rendre agréable l'étude de la botanique, elles flétrissent l'émail des prés, l'éclat des fleurs, dessèchent la fraîcheur des bocages, rendent la verdure et les ombrages insipides et dégoûtants ; toutes ces structures charmantes et gracieuses intéressent fort peu quiconque ne veut que piler tout cela dans un mortier, et l'on n'ira pas chercher des guirlandes pour les bergères parmi des herbes pour les lavements.

Toute cette pharmacie ne souillait point mes images champêtres ; rien n'en était plus éloigné que des tisanes et des emplâtres. J'ai souvent pensé en regardant de près les champs, les vergers, les bois et leurs nombreux habitants que le règne végétal était un magasin d'aliments donnés par la nature à l'homme et aux animaux.

« Septième promenade ».

1. Naturaliste suédois, mort en 1778.

Gustave FLAUBERT, *Bouvard et Pécuchet*, 1881

Considéré comme une épopée de la bêtise humaine, le roman Bouvard et Pécuchet, *demeuré inachevé, met en scène deux hommes, des « imbéciles de base et de sommet » qui, à la suite de leur rencontre, choisissent de reprendre ensemble une ferme. Forts seulement de leurs nombreuses lectures d'ouvrages spécialisés, les deux amis se lancent dans l'agriculture. Plus tard, ils se jetteront avec la même fougue dans les sciences, l'Histoire, la littérature, la politique, etc. Chaque fois, l'entreprise se clôt par un désastre.*

Il monta tellement l'imagination de Bouvard, que tout de suite, ils cherchèrent dans leurs livres une nomenclature[1] de plants à acheter ; – et ayant choisi des noms qui leur paraissaient merveilleux, ils s'adressèrent à un pépiniériste de Falaise, lequel s'empressa de leur fournir trois cents tiges dont il ne trouvait pas le placement.

Ils avaient fait venir un serrurier pour les tuteurs, un quincaillier pour les raidisseurs, un charpentier pour les supports. Les formes des arbres étaient d'avance dessinées. Des morceaux de latte sur le mur figuraient des candélabres. Deux poteaux à chaque bout des plates-bandes guindaient horizontalement des fils de fer ; – et dans le verger, des cerceaux indiquaient la structure des vases, des baguettes en cône celle des pyramides – si bien qu'en arrivant chez eux, on croyait voir les pièces de quelque machine inconnue, ou la carcasse d'un feu d'artifice.

Les trous étant creusés, ils coupèrent l'extrémité de toutes les racines, bonnes ou mauvaises, et les enfouirent dans un compost. Six mois après, les plants étaient morts. Nouvelles commandes au pépiniériste, et plantations

Gustave FLAUBERT (1821-1880)

Fruits d'un travail d'écriture et de recherche acharné, ses œuvres mêlent puissance du style et peinture ironique de la médiocrité et de la bêtise humaines. Il publie *Madame Bovary* en 1856, puis *Salammbô* (1862) et *L'Éducation sentimentale* (1869).

1. Système de classification faisant autorité.

nouvelles, dans des trous encore plus profonds ! Mais la pluie détrempant le sol, les greffes d'elles-mêmes s'enterrèrent et les arbres s'affranchirent.

Le printemps venu, Pécuchet se mit à la taille des poiriers. Il n'abattit pas les flèches, respecta les lambourdes[1] ; – et s'obstinant à vouloir coucher d'équerre les duchesses[2] qui devaient former les cordons unilatéraux, il les cassait ou les arrachait, invariablement. Quant aux pêchers, il s'embrouilla dans les sur-mères, les sous-mères, et les deuxièmes sous-mères[3]. Des vides et des pleins se présentaient toujours où il n'en fallait pas ; – et impossible d'obtenir sur l'espalier un rectangle parfait, avec six branches à droite et six à gauche, – non compris les deux principales, le tout formant une belle arête de poisson.

Bouvard tâcha de conduire les abricotiers. Ils se révoltèrent. Il abattit leurs troncs à ras du sol ; aucun ne repoussa. Les cerisiers, auxquels il avait fait des entailles, produisirent de la gomme.

D'abord ils taillèrent très long, ce qui éteignait les yeux[4] de la base, puis trop court, ce qui amenait des gourmands[5] ; et souvent ils hésitaient ne sachant pas distinguer les boutons à bois des boutons à fleurs. Ils s'étaient réjouis d'avoir des fleurs ; mais ayant reconnu leur faute, ils en arrachaient les trois quarts, pour fortifier le reste.

Incessamment, ils parlaient de la sève et du cambium[6], du palissage, du cassage, de l'éborgnage[7]. Ils avaient au milieu de leur salle à manger, dans un cadre, la liste de leurs élèves, avec un numéro qui se répétait dans le jardin, sur un petit morceau de bois, au pied de l'arbre.

1. Rameaux d'un arbre fruitier.
2. Variété de poire.
3. Branches, pieds destinés à la multiplication.
4. Petits bourgeons à l'extrémité des rameaux.
5. Rameaux inutiles et qu'il faut supprimer car ils tirent la sève à eux.
6. Une des couches du bois.
7. Action de fixer les branches, de les tailler et d'amputer les petits bourgeons inutiles avant floraison.

Levés dès l'aube, ils travaillaient jusqu'à la nuit, le porte-jonc à la ceinture. Par les froides matinées de printemps Bouvard gardait sa veste de tricot sous sa blouse, Pécuchet sa vieille redingote[8] sous sa serpillière[9] ; – et les gens qui passaient le long de la claire-voie[10] les entendaient tousser dans le brouillard.

Quelquefois Pécuchet tirait de sa poche son manuel ; et il en étudiait un paragraphe, debout, avec sa bêche auprès de lui, dans la pose du jardinier qui décorait le frontispice du livre. Cette ressemblance le flatta même beaucoup. Il en conçut plus d'estime pour l'auteur.

Léon Curmer (1801-1870), *Le jardinier*, gravure tirée de l'ouvrage *Les Français peints par eux-mêmes* (1842).

8. Sorte de manteau.
9. Tablier.
10. Clôture ajourée.

Émile Zola
(1840-1902)

Chef de file du naturalisme, il s'efforça d'appliquer une méthode scientifique expérimentale à l'écriture romanesque, notamment dans sa fresque *Les Rougon-Macquart, Histoire naturelle et sociale d'une famille sous le Second Empire* (publiée entre 1871 et 1893).

C'est à Rognes, village de la Beauce, au sud-ouest de Paris, que Zola situe ce tableau de la campagne et de la paysannerie. Le vieux père Fouan décide de partager sa terre entre ses trois enfants : Hyacinte (dit Jésus-Christ), Buteau et Fanny, mariée à Delhomme. Dans cet extrait, ils sont accompagnés de Grosbois.

Le jour avait grandi, un vent glacé poussait dans le ciel pâle des vols continus de gros nuages ; et la Beauce, flagellée, s'étendait, d'une tristesse morne. Aucun d'eux, du reste, ne semblait sentir ce souffle du large, gonflant les blouses, menaçant d'emporter les chapeaux. Les cinq, endimanchés pour la gravité de la circonstance, ne parlaient plus. Au bord de ce champ, au milieu de l'étendue sans bornes, ils avaient la face rêveuse et figée, la songerie des matelots, qui vivent seuls, par les grands espaces. Cette Beauce plate, fertile, d'une culture aisée, mais demandant un effort continu, a fait le Beauceron froid et réfléchi, n'ayant d'autre passion que la terre.

– Faut tout partager en trois, finit par dire Buteau.

Grosbois hocha la tête, et une discussion s'engagea. Lui, acquis au progrès par ses rapports avec les grandes fermes, se permettait parfois de contrecarrer ses clients de la petite propriété, en se déclarant contre le morcellement à outrance. Est-ce que les déplacements et les charrois[1] ne devenaient pas ruineux, avec des lopins larges comme des mouchoirs ? Est-ce que c'était une culture, ces jardinets, où l'on ne pouvait améliorer les assolements[2], ni employer les machines ? Non, la seule chose raisonnable était de s'entendre, de ne pas découper un champ ainsi qu'une

1. Transports effectués par charriot ou par charrette.
2. Répartition des cultures de l'année entre les parcelles d'une exploitation.

galette, un vrai meurtre ! Si l'un se contentait des terres de labour, l'autre s'arrangeait des prairies : enfin, on arrivait à égaliser les lots, et le sort décidait.

Buteau, dont la jeunesse riait volontiers encore, le prit sur un ton de farce.

– Et si je n'ai que du pré, moi, qu'est-ce que je mangerai ? de l'herbe alors !… Non, non, je veux de tout, du foin pour la vache et le cheval, du blé et de la vigne pour moi.

Fouan, qui écoutait, approuva d'un signe. De père en fils, on avait partagé ainsi ; et les acquisitions, les mariages venaient ensuite arrondir de nouveau les pièces.

Riche de ses vingt-cinq hectares, Delhomme avait des idées plus larges ; mais il se montrait conciliant, il n'était venu, au nom de sa femme, que pour n'être pas volé sur les mesures. Et, quant à Jésus-Christ, il avait lâché les autres, à la poursuite d'un vol d'alouettes, des cailloux plein les mains. Lorsqu'une d'elles, contrariée par le vent, restait deux secondes en l'air, immobile, les ailes frémissantes, il l'abattait avec une adresse de sauvage. Trois tombèrent, il les mit saignantes dans sa poche.

Première partie, chap. 3.

TEXTE 7 • Francis HALLÉ, *Atlas de botanique poétique*, 2016

Francis Hallé propose au lecteur de découvrir certaines des merveilles végétales de la nature : de nombreux croquis illustrent des propos explicatifs sur l'extraordinaire que donnent à voir les plantes. Cet atlas emprunte aux traditions de l'herbier et du cabinet de curiosités, une pièce où l'on entreposait des choses rares, singulières, et plaide en faveur de la protection de la forêt tropicale. Dans l'introduction de l'ouvrage, il justifie son projet et en dégage la portée.

Francis HALLÉ
(né en 1938)

Botaniste et biologiste, spécialiste des arbres et des forêts tropicales qu'il explore depuis 40 ans, il vise à faire mieux connaître et mieux comprendre les végétaux, « ce patrimoine commun à toute l'humanité ».

Pour celles et ceux que la biologie passionne, la vie ne sera plus seulement agréable, elle se changera en véritable feu d'artifice d'excitants questionnements. Écoutons Charles Darwin lorsqu'à vingt-deux ans, jeune diplômé de Cambridge, il découvre la forêt du Brésil : « Je n'ai jamais éprouvé de délices aussi intenses. *Délices* est un mot trop faible pour exprimer les sentiments d'un naturaliste qui, pour la première fois, s'aventure en forêt du Brésil […]. Hosannah ![1] Hosannah ! Le plaisir est tel qu'il n'y a aucun moyen, ni d'ailleurs aucun espoir, d'en éprouver jamais un plus profond. »

En tant que botaniste, j'ai tenté, en utilisant le dessin, de montrer à quel point les plantes, beaucoup moins connues que les animaux, pouvaient être surprenantes, énigmatiques et parfois drôles. Les animaux pourtant à l'origine de bien des aspects magiques de cette forêt, n'ont ici qu'une place minime : à dire vrai, la distinction entre plantes et animaux est quelque peu dépassée en forêt équatoriale, où les questions les plus fécondes surgissent des interactions entre ces deux groupes d'êtres vivants.

1. Interjection religieuse de bonheur.

La question m'est souvent posée : pourquoi utiliser le dessin plutôt que la photographie, maintenant si facile à utiliser ? La réponse touche à la nature profonde du travail de botaniste : nous sommes confrontés à des organismes végétaux dont le caractère majeur est, à mes yeux, leur profonde altérité par rapport à l'être humain ; c'est un peu comme si, visitant une lointaine planète nous rencontrions une forme de vie extraterrestre avec laquelle nous n'avons pas de langage commun et qui se fonde sur des principes qui ne sont pas les nôtres ; à celui qui souhaite comprendre, il convient de ne pas être avare de son temps. [...] Le temps long du dessin est celui d'un dialogue avec la plante, le temps de la réflexion, bien nécessaire lorsqu'on est en face d'un alien ! Le dessin est une œuvre de la pensée humaine. [...]

Il apparaît une deuxième raison de préférer le dessin à la photo. [...] Un dessin, au contraire, parce qu'il ne fait appel qu'au cerveau et à la pensée humaine du dessinateur, est plus directement, et sans intermédiaire, l'œuvre de son auteur.

Ceci explique pourquoi le dessin botanique crée souvent une émotion particulière, et c'est là une troisième raison de le préférer à la photo : revoir la *Grande touffe d'herbes* de Dürer[2], *Le Printemps* de Botticelli, les herbiers d'Aldrovandi et de Mutis, *Les Roses* de Redouté, ou plus près de nous, l'*Herbier alpin*, herbier divin de Hainard, la *Flore forestière française illustrée* par Mansion, le *Plant form* de Bell, illuminé par les dessins de Bryan (Timber Press 2008) ou la *Monographie de la flore vasculaire de*

2. Dürer, Boticelli, Aldrovandi, Mutis, Redouté, Hainard, Danton, etc. sont tous des artistes appartenant à des époques diverses.

l'archipel Juan Fernandez de Danton, c'est convenir que le dessin botanique fait partie de ces précieuses traditions, qu'il importe de faire respecter, de faire vivre, d'enrichir. L'informatique en viendrait-elle à bout que notre civilisation, à grands pas, marcherait à reculons.

Mon rêve est que le lecteur puise dans cet ouvrage une vision rajeunie des hautes forêts équatoriales. Il n'est pas trop tard pour découvrir ce dont nous avons tous besoin, un puissant antidote aux nuisances qu'entraîne la vie dans nos mégalopoles contemporaines.

Extrait de l'introduction

« *Raisin* », planche botanique du *Traité d'Histoire Naturelle sur les fruits et légumes*, Ulisse Aldrovandi, Bibli. Universitaire, 1603.

Lire le corpus

1. Quels domaines de la botanique sont abordés par les textes du corpus ?
2. Comment les textes du corpus traitent-ils la question du travail de la terre ?
3. Relevez le vocabulaire technique utilisé dans ces textes. Comment expliquez-vous le recours à un tel lexique ? Quel est l'effet créé ?
4. Quels textes se livrent à une approche dévalorisante de l'homme dans son rapport à la terre ? Pourquoi ? Pour chacun de ces textes, essayez d'expliquer dans quel contexte culturel il s'inscrit.
5. Quels textes exaltent la beauté de la terre ? Par quels procédés ?
6. Buffon (texte 3) écrit que l'observation de la botanique provoque « un retour humiliant sur soi-même » (l. 44). Cherchez l'étymologie de « humiliant » et expliquez cette remarque en vous référant aussi à d'autres textes du corpus.
7. **Synthèse** Appuyez-vous sur les réponses aux questions 4, 5, 6 et dites comment son rapport à la terre révèle à l'homme ce qu'il est.

Prolongements

Recherches

Consultez sur internet le dossier de presse de l'exposition du musée de la Vie romantique « Le pouvoir des fleurs, Pierre-Joseph Redouté (1759-1840) » et montrez comment ce « peintre botaniste » a influencé des générations d'artistes.

Dire

Choisissez quelques lignes d'un de ces « écrits botaniques » : apprenez-les et récitez-les en classe. À plusieurs, vous ferez jaillir un hymne à la terre aux accents différents.

La Bruyère, texte 2, p. 18

Retour au texte

1 • La Bruyère vous paraît-il approuver le comportement du fleuriste ? Justifiez.

2 • Dégagez deux mouvements dans ce texte et donnez un titre à chacun.

Interprétations

Le portrait d'un curieux

3 • Relevez les éléments qui font de ce portrait un portrait en action.

4 • Commentez le nom des fleurs dont est si épris le fleuriste. En quoi cela peut-il prêter à confusion ?

De la satire de l'amateur de tulipes...

5 • Montrez que ce goût pour les tulipes est excessif. Relevez les hyperboles, le comique de geste et de répétition qui le soulignent.

6 • Comment et pourquoi le lecteur est-il impliqué ? Quelle métaphore figure le comportement du fleuriste à ce moment-là ? Dans quel but ?

7 • Comment La Bruyère dénonce-t-il ce goût pour les tulipes comme un effet de mode ?

... au regard du moraliste

8 • Le fleuriste a-t-il un nom ? Observez par quel groupe nominal il est désigné dans la dernière phrase : que pouvez-vous en conclure sur la portée de cette satire ?

9 • Observez et commentez l'effet de chute de la dernière phrase : que reproche le moraliste au fleuriste ?

10 • En définitive, en quoi ce goût pour les fleurs est-il une « passion », au sens du XVIIe siècle, c'est-à-dire cet état affectif qui domine quelqu'un, entraînant la perte du sens moral et du sens critique ?

Et vous ?

Recherches : qu'est-ce que la « tulipomanie » au XVIIe siècle ? Confrontez cet extrait au détail du tableau de Bruegel (doc. I du cahier couleur et analyse d'image p. 59).

Vers l'écrit du bac

À votre tour, rédigez le portrait d'un contemporain assujetti à la mode à la façon de La Bruyère.

Pause lecture 2

Comment aller de botanique en bêtise ?

Flaubert, texte 5, p. 23

Retour au texte

1 • Résumez l'activité de Bouvard et Pécuchet.

2 • Quel bilan peut-on dresser du travail effectué par les deux personnages ?

Interprétations

Un savoir botanique

3 • Relevez le vocabulaire relatif à l'horticulture. Que constatez-vous ?

4 • Repérez les passages où les deux personnages se réfèrent à leur livre : quel usage font-ils de leur lecture ?

5 • On trouve dans cet extrait de nombreuses énumérations : relevez-en quelques-unes et soulignez l'effet créé.

La mécanique de l'échec

6 • Observez plus particulièrement les 2e, 3e et 4e paragraphes : comparez le début et la fin de chacun d'eux. Que remarquez-vous ?

7 • Quel regard le narrateur porte-t-il sur les actions de ses personnages ? Relevez quelques termes et expressions montrant le décalage entre ce qu'ils souhaitent et ce qui se déroule réellement.

« Deux cloportes »

8 • Quels pronoms personnels sont utilisés pour désigner les personnages ? Cela les rend-il particuliers ?

9 • Relevez les notations descriptives relatives à chaque personnage. Quelle image Flaubert donne-t-il d'eux ?

10 • Quels traits de caractère donneriez-vous à Bouvard et Pécuchet après lecture de cet extrait ? Flaubert décrit-il des héros romanesques ? Pourquoi ?

Et vous ?

Rapprochez ce texte de celui de La Bruyère : qu'ont-ils en commun ? Lequel préférez-vous et pourquoi ?

Vers l'oral du bac

Flaubert a décrit Bouvard et Pécuchet à Mme de Genette comme une « encyclopédie critique en farce ». Comment cet extrait illustre-t-il son propos ?

II Peintures de la vie sauvage

La littérature fourmille d'espaces sauvages. Dès l'Antiquité, elle est décrite comme *locus amoenus*, « lieu agréable, idyllique », ou au contraire, *locus horribilis*, « lieu de l'horreur, lieu hostile ». Tantôt louée pour son caractère enchanteur, tantôt honnie pour ses périlleux dérèglements, la nature sauvage est cependant représentée de manière plus complexe. À l'approche euphorique que l'on trouve dans l'hommage pastoral de D'Urfé à la rivière Lignon (texte 8), succède une ambivalence du sentiment humain à l'égard du « sauvage » que va souligner ce corpus : c'est le lieu d'une nécessaire adaptation, car la nature sauvage échappe aux lois de la raison. Elle suscite la colère émue de Voltaire après le tremblement de terre de Lisbonne (texte 10) ou encourage le Robinson de Defoe (texte 9) et l'américain

> « *Des vagabonds sur une terre préhistorique* » (Conrad)

Thoreau (texte 11) à expérimenter les possibilités d'adaptation de l'homme à ce milieu. À la fin du XVIIIe siècle, nait par ailleurs dans l'Europe romantique le « sentiment de nature », expression désignant l'accroissement de la conscience de la nature à travers les œuvres littéraires. L'expérience romantique du « paysage sublime » (Yvon Le Scanff) passe par une confrontation de l'homme avec des forces qui le dépassent : elle est dépeinte de façon cruelle chez Lautréamont (texte 12), épique chez Hugo (texte 13). Plus tard au XXe siècle, Giono réactive les forces de Pan, dieu des bergers et des troupeaux (texte 14). Enfin, la sauvagerie de la nature fait écho à la sauvagerie humaine : Céline décrit l'horreur de la jungle africaine à l'époque coloniale (texte 15), tout comme Conrad avant lui, invitant à une plongée « au cœur des ténèbres ». Ainsi, la présence du sauvage dans la littérature est presque politique car elle est aussi porteuse d'une révélation sur la relation que les hommes construisent avec elle.

Caspar David Friedrich (1774-1840), *Falaises de craie sur l'île de Rügen*, huile sur toile (de 90,5 × 71 cm), Museum Oskar Reinhart am Stadtgarten à Winterthour.

TEXTE 8 • Honoré d'Urfé, *L'Astrée*, 1607-1627

Roman pastoral, qui, par définition, a pour personnages des bergères et des bergers, roman-fleuve comme le voulait l'époque, L'Astrée *narre les amours tumultueuses d'Astrée et de Céladon, deux jeunes bergers. Il a pour cadre les bords du Lignon, rivière qui traverse le Forez, région du centre de la France : ces lieux jouent un rôle central dans les aventures des deux jeunes gens. C'est ainsi qu'au début de la troisième partie, l'auteur s'adresse directement à la rivière pour la remercier d'être un bienheureux abri et une source de son inspiration.*

L'auteur à la rivière de Lignon

Belle et agréable rivière de Lignon, sur les bords de laquelle j'ai passé si heureusement mon enfance, et la plus tendre partie de ma première jeunesse, quelque paiement que ma plume ait pu te faire, j'avoue que je te suis encore grandement redevable, pour tant de contentements que j'ai reçus le long de ton rivage, à l'ombre de tes arbres feuillus, et à la fraîcheur de tes belles eaux, quand l'innocence de mon âge me laissait jouir de moi-même, et me permettait de goûter en repos les bonheurs et les félicités que le Ciel d'une main libérale répandait sur ce bienheureux pays, que tu arroses de tes claires et vives ondes. Mais il faut que tu croies pour ma satisfaction, que s'il me restait encore quelque chose avec laquelle je pusse mieux témoigner le ressentiment[1] que j'ai des faveurs que tu m'as faites, je serais aussi prompt à te la présenter, que de bon cœur j'en ai reçu les obligations et les contentements. Et pour preuve de ce que je te dis, ne pouvant te payer d'une monnaie de plus haut prix, que de la même que tu m'as donnée, je te

Honoré d'Urfé (1567-1625)

Il gagna la confiance du roi Henri IV en rejoignant le parti de la Ligue, mouvement politique et religieux pour la défense du parti catholique. Sa vie tumultueuse lui permit néanmoins d'entreprendre le « roman des romans » que constituent *L'Astrée* et d'autres œuvres pastorales.

1. Ici, reconnaissance.

voue et te consacre, ô mon cher Lignon, toutes les douces pensées, tous les amoureux soupirs et tous les désirs plus ardents, qui durant une saison si heureuse ont nourri mon âme de si doux entretiens, qu'à jamais le souvenir en vivra dans mon cœur.

IIIe partie, 5-6, orthographe modernisée.

L'Astrée. Céladon va se jeter dans le Lignon, tapisserie flamande du XVIIe siècle, Château de la Bastie d'Urfé.

TEXTE 9 • Daniel DEFOE, *Robinson Crusoé*, 1719

Ce roman, inspiré d'une histoire vraie, figure parmi les plus célèbres de la littérature mondiale. Il narre l'histoire de Robinson Crusoé, aventurier dans l'âme, qui connaît dès le début de l'œuvre naufrages, prison, évasion… Un autre périple le conduit au Brésil où il s'installe pendant quelques années. Lorsqu'il en repart pour l'Afrique, son bateau fait naufrage au cours d'une tempête qui le laisse seul survivant sur une île déserte. Là, il organise sa survie.

Daniel DEFOE (1660-1731)

Cet écrivain anglais mena une vie mouvementée, nourrie de combats politiques, s'intéressant aux plus humbles. Approuvé et soutenu par le plus grand nombre, mais conscient des limites de ses actions, il se consacre à l'écriture, considérée comme une façon d'élever l'homme moralement.

Je ne me préoccupai plus dès lors que de me protéger contre les sauvages qui pourraient venir, ou les bêtes sauvages s'il y en avait sur l'île. Et je m'interrogeai sur le meilleur parti à prendre et le genre d'habitation que je me construirai, ne sachant si je devais m'installer dans une grotte sous terre ou sous une tente à la surface. En deux mots, je pris l'un et l'autre parti, il n'est peut-être pas superflu de représenter ici mon entreprise[1] et de raconter la façon dont je la menai à bien.

Je conclus bien vite que le lieu où j'étais n'était pas propice, d'abord parce que le terrain en était bas et marécageux, proche de la mer, ce qui, à mon avis, serait malsain[2], et surtout parce qu'il n'y avait pas d'eau douce à proximité. Je décidai donc de trouver un emplacement plus salubre et plus commode.

Le site convenable à mon établissement devait remplir plusieurs conditions : 1°- être salubre et à proximité d'eau douce, comme je viens de le dire ; 2°- être abrité de l'ardeur du soleil ; 3°- offrir une protection contre les créatures voraces, hommes ou bêtes ; 4°- offrir une vue sur la mer, ce qui permettrait si Dieu envoyait quelque bâtiment[3] dans

1. Projet, stratégie.
2. Insalubre, malpropre.
3. Navire.

les parages, de saisir l'occasion d'être délivré, car je n'étais pas encore prêt à en bannir tout espoir de mon cœur.

M'étant mis en quête d'un lieu répondant à ces besoins, je trouvai un petit terrain plat au bas d'une colline dont le flanc était aussi à pic de ce côté-là que la façade d'une maison, si bien que l'on pouvait avoir accès à moi d'en haut ; sur le côté de ces pans rocheux, se trouvait un renfoncement qui semblait avoir été évidé comme s'il recelait[4] une porte ou l'entrée d'une grotte, alors qu'il n'y avait d'ouverture d'aucune sorte dans le rocher.

Sur le terrain plat et gazonné devant cette cavité, je résolus de planter ma tente. Ce terrain ne mesurait pas plus de cinquante toises[5] de large et deux fois plus de long environ, et s'étendait comme une pelouse devant ma porte, avant de descendre en pente irrégulière jusqu'à la plage en contrebas. Il était situé sur le flanc nord-nord-ouest de la colline et se trouvait donc abrité de la chaleur pendant le jour tant que le soleil n'était pas à l'ouest, quart-sud, ce qui, sous ces latitudes, est presque l'heure du couchant.

Avant d'installer ma tente, je traçai devant le renfoncement un demi-cercle d'environ cinq toises de rayon à partir du rocher et de dix de diamètre d'un bout à l'autre. Dans ce demi-cercle, je plantai deux rangées de pieux solides que j'enfonçais dans le sol jusqu'à ce qu'ils fussent solides comme des pilotis ; le gros bout, taillé en pointe, était à plus de cinq pieds et demi[6] du sol, et entre les deux rangées, il n'y avait pas plus de six pouces[7] d'intervalle.

Ensuite, je pris les morceaux de câble coupés à bord du navire et les posais en couches successives entre les deux

4. Contenait.
5. Unité de mesure correspondant à environ 2 m.
6. Environ 1,7 m.
7. Environ 15 cm.

rangées remplissant ainsi l'intervalle jusqu'en haut. À l'intérieur du cercle, je plantai d'autres pieux d'environ deux pieds et demi[1] que j'arc-boutai comme un contrefort. Cette palissade était si solide que ni homme ni bête ne pouvait ni la forcer ni la franchir. Elle me coûta beaucoup de temps et d'effort notamment pour couper les pieux dans le bois, les apporter à pied d'œuvre et les planter en terre.

Chap. 5, © Albin Michel,
trad. Fr. du Sorbier, 2012, p. 86-88.

Illustration représentant le héros Robinson de Daniel Defoe, ed. française, 1740.

1. Environ 75 cm.

VOLTAIRE, *Poème sur le désastre de Lisbonne*, 1756

Un tremblement de terre suivi d'un raz-de-marée et d'un incendie ravage la ville de Lisbonne et entraîne la mort de plus de 50 000 personnes en novembre 1755. Profondément touché par cette catastrophe, Voltaire prend alors ses distances avec les thèses optimistes de Leibniz, philosophe allemand pour qui le monde créé par Dieu est organisé de la meilleure façon possible. Dans ce poème, Voltaire s'emploie à réfuter cette thèse avec beaucoup d'émotion et remet en cause le lien qui unit l'homme à Dieu.

Ô malheureux mortels ! ô terre déplorable !
Ô de tous les mortels assemblage effroyable !
D'inutiles douleurs, éternel entretien !
Philosophes trompés qui criez : « Tout est bien » ;
Accourez, contemplez ces ruines affreuses,
Ces débris, ces lambeaux, ces cendres malheureuses,
Ces femmes, ces enfants l'un sur l'autre entassés,
Sous ces marbres rompus ces membres dispersés ;
Cent mille infortunés que la terre dévore,
Qui, sanglants, déchirés, et palpitants encore,
Enterrés sous leurs toits, terminent sans secours
Dans l'horreur des tourments leurs lamentables jours !
Aux cris demi-formés de leurs voix expirantes,
Au spectacle effrayant de leurs cendres fumantes,
Direz-vous : « C'est l'effet des éternelles lois
Qui d'un Dieu libre et bon nécessitent le choix ? »
Direz-vous, en voyant cet amas de victimes :
« Dieu s'est vengé, leur mort est le prix de leurs crimes ? »
Quel crime, quelle faute ont commis ces enfants
Sur le sein maternel écrasés et sanglants ?

VOLTAIRE (1694-1778)

Il fut l'un des plus célèbres philosophes français des Lumières. Collaborateur de l'*Encyclopédie*, il toucha à d'innombrables genres et domaines. Attaché à la liberté de pensée et d'expression, il livre dans son œuvre un perpétuel combat contre les injustices.

Lisbonne, qui n'est plus, eut-elle plus de vices
Que Londres, que Paris, plongés dans les délices :
Lisbonne est abîmée, et l'on danse à Paris.
Tranquilles spectateurs, intrépides esprits,
De vos frères mourants contemplant les naufrages,
Vous recherchez en paix les causes des orages :
Mais du sort ennemi quand vous sentez les coups,
Devenus plus humains, vous pleurez comme nous.

Vers 1 à 28, 1756.

Tremblement de terre de Lisbonne en 1755, plan de Braun, collection particulière.

Henry David THOREAU,
Walden ou la vie dans les bois, 1854

En 1845, Thoreau choisit les bords du lac Walden, dans le Massachusetts, pour construire une cabane dans les bois, isolée du monde et pour vivre en totale autonomie. Ce récit apparaît comme un premier ouvrage écologiste, fondant la tradition américaine du nature writing *(littéralement : « écrire sur la nature »). Mais c'est aussi un ouvrage politique : le retour à la vie sauvage est une façon de retrouver une liberté menacée par son conformisme. Dans cet extrait, l'auteur évoque la « solitude » de son retrait, qu'il n'assimile néanmoins pas à un isolement.*

À quoi dois-je de me voir abandonné par les hommes cette vaste étendue, ce vaste circuit, quelques milles[1] carrés de forêt solitaire, pour ma retraire ? Mon plus proche voisin est à un mille de là, et nulle maison n'est visible que du sommet des collines dans le rayon d'un demi-mille de la mienne. J'ai tout à moi seul mon horizon borné par les lois ; d'un côté un aperçu lointain du chemin de fer, là où je vis que sur les prairies. C'est aussi bien l'Asie ou l'Afrique que la Nouvelle-Angleterre. J'ai, pour ainsi dire, mon soleil, ma lune et mes étoiles, et un petit univers à moi seul. La nuit jamais un voyageur ne passait devant ma maison, ni ne frappait à ma porte, plus que si j'eusse été le premier ou le dernier homme, à moins que ce ne fut au printemps, où, à de longs intervalles, il venait quelques gens du village pêcher le silure-chat – qui pêchaient évidemment beaucoup plus dans l'étang de Walden de leurs propres natures, et appâtaient leurs hameçons de

Henry David THOREAU (1817-1862)

Après avoir été commerçant et instituteur, cet écrivain et penseur américain décide de vivre à l'écart de la société. Son œuvre reflète son anticonformisme : il prône la « désobéissance civile » (titre de son essai de 1849).

1. Un mille équivaut à environ 1,6 km.

ténèbres – mais ils ne tardaient pas à battre en retraite, d'habitude le panier peu garni, pour abandonner « le monde aux ténèbres et moi », et jamais le cœur noir de la nuit n'était profané par nul voisinage humain. Je crois que les hommes ont en général encore un peu peur de l'obscurité, malgré la pendaison de toutes les sorcières, et l'introduction du christianisme et des chandelles.

Encore l'expérience m'a-t-elle appris quelquefois que la société la plus douce et tendre, la plus innocente et encourageante, peut se rencontrer dans n'importe quel objet naturel, fût-ce pour le pauvre misanthrope et le plus mélancolique des hommes. Il ne peut être de mélancolie tout à fait noire pour qui vit au milieu de la Nature et possède encore ses sens. Jamais jusqu'alors n'y eut telle tempête, mais à l'oreille saine et innocente ce n'était que musique éolienne[1].

Chap. « La solitude », trad. L. Fabulet, 1922.

1. Relative au vent.

« Vertige », « lave noire », « autre réalité » : telles sont les formules qu'a inspirées cette œuvre poétique en prose qui occupe une place singulière dans l'histoire littéraire. Composée de six chants, l'œuvre de Lautréamont évoque souvent l'océan : c'est le cas de cet extrait dans lequel le narrateur, depuis la rive, observe un bateau pris au piège d'une tempête, rejoignant par là des thématiques qui traversent l'œuvre : la sauvagerie et la subversion.

Je m'assis sur un roc, près de la mer. Un navire venait de mettre toutes voiles dehors pour s'éloigner de ce parage : un point imperceptible venait de paraître à l'horizon, et s'approchait peu à peu, poussé par la rafale, en grandissant avec rapidité. La tempête allait commencer ses attaques, et déjà le ciel s'obscurcissait, en devenant d'un noir presque aussi hideux que le cœur de l'homme. Le navire, qui était un grand vaisseau de guerre, venait de jeter toutes ses ancres, pour ne pas être balayé sur les rochers de la côte. Le vent sifflait avec fureur des quatre points cardinaux, et mettait les voiles en charpie. Les coups de tonnerre éclataient au milieu des éclairs, et ne pouvaient surpasser le bruit des lamentations qui s'entendaient sur la maison sans bases, sépulcre[1] mouvant. Le roulis de ces masses aqueuses n'était pas parvenu à rompre les chaînes des ancres ; mais, leurs secousses avaient entr'ouvert une voie d'eau, sur les flancs du navire. Brèche énorme ; car, les pompes ne suffisent pas à rejeter les paquets d'eau salée qui viennent, en écumant, s'abattre sur le pont, comme des montagnes. Le navire en détresse tire des coups de canon d'alarme ; mais, il sombre avec lenteur… avec majesté.

Isidore Ducasse, dit Comte de Lautréamont (1846-1870)

On sait très peu de choses de sa courte vie. Même si son unique œuvre, qui peint la vie « sous des couleurs trop amères », ne fut pas publiée de son vivant, elle constitue pour ses successeurs, et particulièrement pour les surréalistes, une source d'influence considérable.

1. Tombeau.

Celui qui n'a pas vu un vaisseau sombrer au milieu de l'ouragan, de l'intermittence des éclairs et de l'obscurité la plus profonde, pendant que ceux qu'il contient sont accablés de ce désespoir que vous savez, celui-là ne connaît pas les accidents de la vie. Enfin, il s'échappe un cri universel de douleur immense d'entre les flancs du vaisseau, tandis que la mer redouble ses attaques redoutables. C'est le cri qu'a fait pousser l'abandon des forces humaines. Chacun s'enveloppe dans le manteau de la résignation, et remet son sort entre les mains de Dieu. On s'accule comme un troupeau de moutons. Le navire en détresse tire des coups de canon d'alarme ; mais, il sombre avec lenteur… avec majesté. Ils ont fait jouer les pompes pendant tout le jour. Efforts inutiles. La nuit est venue, épaisse, implacable, pour mettre le comble à ce spectacle gracieux. Chacun se dit qu'une fois dans l'eau, il ne pourra plus respirer ; car, d'aussi loin qu'il fait revenir sa mémoire, il ne se reconnaît aucun poisson pour ancêtre : mais, il s'exhorte à retenir son souffle le plus longtemps possible, afin de prolonger sa vie de deux ou trois secondes ; c'est là l'ironie vengeresse qu'il veut adresser à la mort… Le navire en détresse tire des coups de canon d'alarme ; mais, il sombre avec lenteur… avec majesté. Il ne sait pas que le vaisseau, en s'enfonçant, occasionne une puissante circonvolution des houles autour d'elles-mêmes ; que le limon bourbeux s'est mêlé aux eaux troublées, et qu'une force qui vient de dessous, contrecoup de la tempête qui exerce ses ravages en haut, imprime à l'élément des mouvements saccadés et nerveux. […] Ô ciel ! comment peut-on vivre, après avoir éprouvé tant de voluptés ! Il venait de m'être donné d'être témoin des agonies de mort de plusieurs de mes semblables.

Chant deuxième, strophe 14.

TEXTE 13 • Victor HUGO, *Toute la lyre*, 1888 (posth.)

Victor HUGO
(1802-1885)

Chef de file du romantisme, Hugo s'illustre dans des genres divers : poésie, théâtre, roman, essai. Son œuvre contribue largement à la « nouvelle floraison » poétique du siècle (H. Friedrich). Le coup d'État de Louis-Napoléon Bonaparte, en 1851, le contraint à l'exil.

Ces deux volumes de poèmes sont publiés à titre posthume par Paul Meurice en 1888. Le début de ce poème dresse le portrait d'une mer qui semble animée de « l'esprit de tempête » : avant l'évocation d'un combat opposant marins et éléments naturels, Hugo dépeint ces derniers en termes épiques.

Le vent hurle ; la rafale
Sort, ruisselante cavale,
        Du gouffre obscur,
Et, hennissant sur l'eau bleue,
Des crins épars de sa queue
        Fouette l'azur.

L'horizon que l'onde encombre,
Serpent, au bas du ciel sombre
        Court tortueux ;
Toute la mer est difforme ;
L'eau s'emplit d'un bruit énorme
        Et monstrueux.

Le flot vient, s'enfuit, s'approche,
Et bondit comme la cloche
        Dans le clocher,
Puis tombe, et bondit encore ;
La vague immense et sonore
        Bat le rocher.

L'océan frappe la terre,
Oh ! le forgeron Mystère,
Au noir manteau,
Que forge-t-il dans la brume,
Pour battre une telle enclume
D'un tel marteau ?

L'Hydre[1] écaillée à l'œil glauque[2]
Se roule sur le flot rauque
Sans frein, ni mors ;
La tempête maniaque
Remue au fond du cloaque[3]
Les os des morts.

2 février 1854.
« Gros temps la nuit », vers 1 à 30.

1. Dans la mythologie grecque, serpent monstrueux, dont les sept têtes repoussaient sitôt coupées.
2. Terme qui peut être compris dans le sens étymologique « d'un vert tirant sur le bleu » et dans le courant de « sordide ».
3. Endroit prévu pour recueillir les eaux sales et les immondices.

Victor Hugo, *La Pieuvre aux initiales V.H.*, illustration pour *Les Travailleurs de la mer*, 1866, Bibli. nationale de France.

TEXTE 14 • Jean Giono, *Un de Baumugnes*, 1929

Un de Baumugnes *appartient avec* Colline *et* Regain *à un ensemble de trois romans, la trilogie de Pan, dieu faune de la nature qui domine implicitement l'œuvre. Le narrateur, Amédée, est ouvrier agricole. Il se fait embaucher à la ferme de la Douloire, pour enquêter sur la disparition d'Angèle, une jeune femme fugitive, accompagnée de son fils naturel, et certainement retenue prisonnière par ses parents, suite à ses errances. L'enquête d'Amédée est sur le point d'aboutir, quand survient un terrible orage : la nature est en colère.*

« L'orage »

Ça descendait, là-bas sur Niozelles d'une façon pas ordinaire ; ça cachait la colline dans une nuit et il y avait dans la plaine une grande barre noire qui pendait du ciel et qui se promenait lourdement sur les champs.

Cette fois-là, il tomba sur la Douloire une poignée de grosses gouttes blanches, larges et bruyantes comme des frelons. On se disait : « Ça va encore rafraîchir. » Ça mit dans l'air une braise de plus et, le soir, on n'eut pas le courage de manger la soupe et je vidai, à moi seul, l'eau de la cruche qui était comme du pissat d'âne.

On voulait la pluie, on l'eut.

Deux jours se passent où le ciel débarbouillé montre un peu sa joue bleue fleurie d'un épi de soleil. Le mauvais semblait se pousser vers Lure et le haut pays où ça grondait encore, mais loin.

Un après-midi, sur les trois heures, je me dis : « Tu vas pas faire le santon à perpétuité », et je monte dans le flanc du plateau pour aller chercher le faisceau de tine.

Jean Giono (1895-1970)

Natif de Provence, il ne cesse d'exprimer dans ses œuvres une dualité : d'un côté, une force de vie conférée par une communion avec la nature et avec l'univers, de l'autre, une force tragique où triomphe la sauvagerie.

Vous savez ce que c'est ? C'est un fagot de tiges d'asperges sauvages qu'on met dans la cuve, devant la bonde, pour que le marc ne bouche pas le robinet.

Je dépasse à peine le premier rebord de terre que ça me fait comme un grand froid noir sur l'échine. Je lève l'œil. Il y avait dans le ciel cinq gros nuages lancés à fond de train et c'était l'avant-garde. Ça avait encore un peu de figure humaine, mais ce qui venait derrière : la fin de tout, une confiture d'encre, sans forme ni rien, avec des tressautements de tonnerre et un grand rire d'éclair qui montrait ses dents en silence avant de bramer.

Je cavale en vitesse sur la pente et, tout d'un coup, j'entends la grande averse qui court après moi.

C'est cette course qui nous a garantis du mal parce qu'elle m'a vite essoufflé et que je suis resté dans le hangar. Si j'avais pu attraper la porte et rentrer dans la Douloire, nous serions peut-être tous noyés à présent. Tous, vous m'entendez ? Ça veut dire nous et les autres.

Je vois un peuplier de la ferme se mettre à trembler tout droit, malgré le vent, puis se tordre en pas de vis et partir en flèche dans le haut ciel ; les tuiles du hangar s'envolaient comme des perdreaux. Il tombe des grêlons plus gros que des œufs de poule.

En même temps que la grêle et que l'eau, c'était aussi un orage de feuilles ; des centaines de kilos de feuilles de chênes arrachées au plateau passaient dans l'air et des branches entières aussi qui venaient de plus de deux kilomètres.

Les éclairs fusaient de la terre comme des jets d'eau.

En face de la Douloire, dans le plateau, est une faille étroite qui débouche sur la route à vingt mètres de la maison. Tout d'un coup, de ce côté-là, ça gronde comme un tremblement de terre.

Je parais le nez. Ah, tonnerre de Dieu, si ça descendait là-dedans ! Je ne peux pas vous dire, vous ne le croiriez pas. Il n'y a qu'une chose qui peut vous en donner une idée : quand on a rearrangé la route, à cet endroit-là on a été obligé de creuser des tranchées dans la terre de trois mètres de profondeur pour trouver le sol de la route qui, au fond, dormait comme un serpent mort.

Ça descendait : de la pierre, de la roche, de la terre, de l'eau enragée.

Sur le moment, je suis là comme déjà écrasé, et puis, le reste, je le fais sans le rendre compte, d'un élan des nerfs. Je me souviens juste de deux choses : d'abord, d'être au milieu de l'air avec des fouets de pluie qui me font mal sur le dos et sur les flancs ; des grêles qui écorchent mes joues, puis de voir à travers le grillage de la pluie s'avancer sur moi le torrent avec, devant, comme tambour-major, un gros rocher qui fait le pitre en se roulant sur le ventre. Après un coup de tonnerre sec qui me fout au garde à vous, raide comme la justice et un bruit doux de soie froissée.

C'était passé.

Louis-Ferdinand CÉLINE, *Voyage au bout de la nuit*, 1932 TEXTE 15

Ce premier roman de L.-F. Céline a connu un succès retentissant, mâtiné de scandale, du fait, notamment, de la figure anti-héroïque du narrateur Ferdinand Bardamu : celui-ci blessé, puis réformé durant la Première Guerre mondiale, décide de partir pour l'Afrique. Il y découvre l'horreur des exploitations coloniales, d'où il s'enfuit à demi-mort. La description de la jungle qui suit vise ainsi à déconstruire le rêve africain porté par la colonisation.

On peut s'y prendre de deux façons pour pénétrer dans la forêt, soit qu'on s'y découpe un tunnel à la manière des rats dans les bottes de foin. C'est le moyen étouffant. Je renâclai[1]. Ou alors subir la montée du fleuve, bien tassé dans le fond d'un tronc d'arbre, poussé à la pagaie de détours en bocages et guettant ainsi la fin des jours et des jours s'offrir en plein à toute la lumière, sans recours. Et puis ahuri par ces gueulards de nègres, arriver où l'on doit dans l'état qu'on peut.

Chaque fois, au départ, pour se mettre à la cadence, il leur faut du temps aux canotiers. La dispute. Un bout de pale à l'eau d'abord et puis deux ou trois hurlements cadencés et la forêt qui répond, des remous, ça glisse, deux rames, puis trois, on se cherche encore, des vagues, des bafouillages, un regard en arrière vous ramène à la mer qui s'aplatit là-bas, s'éloigne et devant soi la longue étendue lisse contre laquelle on s'en va labourant, et puis Alcide[2] encore un peu sur son embarcadère que je perçois loin, presque repris déjà par les buées du fleuve, sous son énorme casque, en cloche, plus qu'un morceau de tête, petit fromage de figure et le reste d'Alcide en dessous à

Louis-Ferdinand DESTOUCHES, dit CÉLINE (1894-1961)

Engagé volontaire en 1914 et traumatisé, il dénonce l'absurdité de la guerre. Son métier de médecin l'amène à voyager, tandis que ses romans rencontrent un important succès. Son œuvre est toutefois l'objet de violentes polémiques du fait de ses prises de position antisémites. Son écriture, notamment son style parlé et son réalisme, a contribué à sa notoriété.

1. Renifler fortement ou témoigner de la mauvaise volonté.
2. Sergent qui entretient un commerce.

Jacques Tardi (né en 1946), illustration pour *Voyage au bout de la nuit*, 1952.

flotter dans sa tunique comme perdu déjà dans un drôle de souvenir en pantalon blanc.

C'est tout ce qu'il me reste de cet endroit-là, de ce Topo. A-t-on pu le défendre encore longtemps ce hameau brûlant contre la faux sournoise du fleuve aux eaux beiges ? Et ses trois cases puceuses tiennent-elles toujours debout ? Et de nouveaux Grappas[1] et d'inconnus Alcides entraînent-ils encore de récents tirailleurs en ces combats inconsistants ? S'y rend-il toujours cette justice sans prétention ? L'eau qu'on essaye d'y boire est-elle toujours aussi rance ? aussi tiède ? À vous en dégoûter de votre propre bouche pendant huit jours après chaque tournée… Et toujours point de glacière ? Et ces combats d'oreille que livrent aux mouches les infatigables bourdons de la quinine[2] ? Sulfate ? Chlorhydrate[3] ?… Mais d'abord existe-t-il encore des nègres à dessécher et pustuler dans cette étuve ? Peut-être bien que non…

1. Grappa est un lieutenant qu'a rencontré Ferdinand. Le nom est employé ici comme antonomase.
2. Médicament pour traiter le paludisme, maladie tropicale infectieuse.
3. Éléments entrant dans la composition de médicaments.

Résonance

Joseph Conrad, *Au coeur des ténèbres*, 1899

Le narrateur, Marlow, se fait engager pour piloter les vapeurs circulant sur le fleuve Congo, à l'époque coloniale. Cette remontée du fleuve ressemble à une descente aux Enfers.

Remonter le fleuve, c'était revenir aux premiers jours de la création, quand la végétation s'épanouissant sur la terre et quand les grands arbres étaient des rois. Une rivière déserte, un profond silence, une forêt impénétrable. L'air était chaud, épais, lourd, visqueux. Il n'y avait nulle joie dans l'éclat du soleil. Les longs bras de la voie d'eau coulaient, dans la monotonie des lointains surchargés d'ombre. Sur les berges argentées, des hippopotames et des alligators se doraient au soleil côté à côte. Les eaux larges serpentaient entre une foule d'îles boisées ; on cherchait son chemin sur cette rivière comme dans un désert, butant à longueur de journée sur des hauts-fonds, essayant de trouver un chenal, finissant par se croire ensorcelé et coupé à jamais de tout ce que l'on avait jadis connu, quelque part, aux cinq cents diables, dans une autre existence peut-être. Il y avait des moments où l'on voyait resurgir son passé, comme cela arrive parfois alors que l'on n'a pas une minute à perdre ; mais il venait sous la forme d'un rêve agité et bruyant contemplé avec étonnement parmi les réalités écrasantes de cet étrange univers de plantes, d'eau et de silence. Et cette atonie[1] de vie ne ressemblait pas du tout à la paix.

Trad. Odette Lamolle, © Autrement, 1997.

1. Manque d'énergie, de vitalité.

Lire le corpus

1• Quels bienfaits certains des auteurs des textes du corpus trouvent-ils dans la nature sauvage ?

2• Quels éléments contribuent à rendre hostile la nature sauvage dans les textes du corpus ? Relevez certains procédés qui le soulignent.

3• Confrontez les émotions suscitées par la nature sauvage dans les textes du corpus.

4• Comment se manifeste l'évolution du rapport de l'homme à la nature sauvage au fil du temps dans les textes du corpus ?

5• Confrontez les textes de Defoe (texte 9) et de Voltaire (texte 10) : quels rôles très différents accordent-ils à la raison humaine face au monde sauvage ?

6• Comparez les textes de Céline (texte 15) et le texte de Conrad (p. 55) proposé en résonance : comment nature hostile et colonisation sont-elles reliées ?

7• Quelle image de la société certains de ces textes révèlent-ils à travers la peinture de la nature sauvage ?

8• **Synthèse :** En vous appuyant sur les réponses précédentes, montrez la complexité de la relation de l'homme au monde sauvage.

Prolongements

Lire aussi

« La terre paraissait inhumaine » écrit Conrad (*cf*. Résonance p. 55) : lisez la nouvelle de Conrad puis dites si votre expérience de lecture vous a plongé ou non « au cœur des ténèbres » et expliquez pourquoi.

De la littérature au cinéma

En 1992, Christopher Mac Candless, un étudiant épris d'absolu, part vivre seul en Alaska et rompt avec tout. *Into the wild*, film de Sean Penn sorti en 2007, raconte sa tragique destinée. Après avoir vu ce film, préparez un exposé pour le présenter et mettre en avant les raisons qui ont poussé Chris à faire ce choix de vie.

Pause lecture 3 Quelle leçon tirer d'une nature hostile ?

Voltaire, texte 10, p. 41

Retour au texte

1 • Qu'annonce le terme « désastre » présent dans le titre du poème ?

2 • À qui Voltaire s'adresse-t-il tour à tour dans ce poème ?

Interprétations

Le tableau pathétique du tremblement de terre

3 • Ce poème est une hypotypose (description précise et animée d'une scène) : relevez les éléments qui renvoient aux dégâts engendrés par le tremblement de terre en vous intéressant particulièrement aux effets d'accumulation.

4 • Comment le lecteur est-il impliqué dès le début du poème ? Comment ce spectacle touche-t-il les sens du lecteur ? Relevez les effets sonores, l'emploi des démonstratifs...

5 • En quoi ce poème relève-t-il des registres pathétique et tragique ?

Un poème comme arme virulente

6 • En vous appuyant sur le paratexte, dites qui sont les « philosophes trompés » du vers 4.

7 • Quel est l'intérêt de rapporter les paroles au discours direct ? Qui est censé les prononcer ?

8 • Commentez l'usage des questions rhétoriques.

9 • Comment et pour quelle raison Lisbonne est-elle comparée à d'autres villes d'Europe ?

10 • La fin de cet extrait se resserre sur les pronoms personnels « nous » et « vous » : à qui renvoient-ils ? Dans quel but ?

Et vous ?

Le chapitre 5 du conte philosophique de Voltaire *Candide* relate également un tremblement de terre : lisez-le et comparez son registre avec ceux du poème consacré au tremblement de terre de Lisbonne.

Vers l'oral du bac

Après avoir lu le chapitre 5 du *Candide* de Voltaire, dites quel texte, du conte ou du poème, vous semble le plus efficace au plan argumentatif pour dénoncer les thèses des optimistes.

Giono, texte 14, p. 50

Retour au texte

1 • À quoi voit-on que la nature est en colère ?

2 • Quels niveaux de langue présente cette page ? Que pensez-vous de cette diversité ?

Interprétations

Un monde sous la coupe de Pan ?

3 • À quoi renvoie le pronom personnel « ça » employé de façon récurrente dans le texte ? Quel est l'effet créé ?

4 • Relevez les marques de l'épique dans le récit de l'affrontement entre l'homme et l'orage (grossissement, personnifications, etc.).

5 • À quels mythes judéo-chrétiens cet orage peut-il renvoyer ? Justifiez votre réponse.

Le chant du monde

6 • Relevez les interventions du narrateur et commentez-les.

7 • On peut distinguer quelques effets d'oralité : repérez-les et dites l'effet créé. Quelle relation est installée alors entre le narrateur et le lecteur ?

8 • « Des grosses gouttes [...] bruyantes comme des frelons ». Commentez cette comparaison et repérez d'autres figures (métaphores ou comparaisons) qui reposent sur le même système d'association.

9 • En quoi ce texte est-il poétique ?

Et vous ?

Effectuez une recherche iconographique sur le dieu Pan (tableau, sculpture) et choisissez une représentation qui fasse écho à votre lecture du texte de Giono.

Vers l'écrit du bac

À votre tour, écrivez un texte dans lequel le narrateur se trouve confronté au déchaînement d'un élément naturel (tempête, tremblement de terre).

Analyse d'image 1

Allégorie de la tulipomanie, de Jan Bruegel le Jeune, 1640

Dossier central images en couleurs, p. I

Retour sur l'image

1 • Comment est formé le terme « tulipomanie » ? Que signifie-t-il, d'après vous ?

2 • Que font les singes ?

Interprétations

Une société organisée

3 • En quoi peut-on dire que les singes sont anthropomorphisés, c'est-à-dire qu'ils adoptent l'attitude d'un être humain ? Appuyez-vous sur les différents sentiments que semblent éprouver les singes pour répondre.

4 • Quels différents métiers sont représentés ?

5 • Montrez que la tulipe est omniprésente, et sous toutes ses formes. Quel autre objet est très présent dans le tableau ?

Une satire

6 • La chouette peut représenter la tromperie ou la folie. Que fait le singe sur la gauche accompagné de cet oiseau ? En quoi cela éclaire-t-il symboliquement sa fonction ?

7 • Le tableau vous semble-t-il organisé malgré tout ? Quelle image de la société tulipomane ce tableau révèle-t-il ?

8 • Comment comprendre le choix du singe pour représenter l'homme ? En définitive, dans quel registre le tableau s'inscrit-il ?

Et vous ?

9 • Cherchez d'autres tableaux du XVIIe siècle ayant pour sujet la tulipomanie. Que représente la tulipe ?

III À l'écoute de la Terre

La crise environnementale, à commencer par le réchauffement climatique, occupe aujourd'hui de plus en plus les esprits. La littérature contemporaine reflète ces bouleversements et choisit des voies et des voix particulières pour se mettre à l'écoute de la nature. Le procédé n'est pas nouveau : dès l'Antiquité, les poètes donnent la parole à la nature, *alma mater*, pour faire entendre ce qu'elle peut nous enseigner. Quelles vertus a-t-elle à transmettre et par quels moyens ? Les voix prêtées à la nature, que ce corpus prend le parti de reconsidérer, nous permettent de relire notre comportement face aux autres hommes, et face à la nature elle-même. Le corpus joue ainsi de ce paradoxe : prêter des attributs humains à la nature, pour mieux « désanthropomorphiser » toute approche de celle-ci et être plus à son écoute. La prosopopée de la Nature, cette figure littéraire qui consiste à faire parler un être ina-

« *La Nature nous fait un juste procès.* »
(Lucrèce)

nimé (texte 16), est reprise par l'humaniste Montaigne (texte 17). Ponge, quant à lui, fait parler les « choses muettes », faune et flore, dans le texte 18. L'héritier du *nature writing*, ce genre littéraire né au XIXe siècle aux États-Unis, Jim Harrison, (texte 19) confiera les vicissitudes du désert, épuisé par l'exploitation humaine, au même titre que la rivière malmenée qui doit accueillir un pont, dans le texte de Maylis de Kerangal (texte 20). Enfin, les éléments naturels tout comme les règnes végétal et animal s'expriment dans le roman de Mouawad et le poème de Loizeau (textes 21 et 22).

Le musicien et bioacousticien Bernie Krause.

Dans ce long poème dédié à l'aristocrate Caïus Memmius, Lucrèce évoque l'aveuglement des hommes qui cherchent le bonheur et se heurtent à un sentiment d'impuissance. Lucrèce se livre ici à une démonstration : l'âme de l'homme est aussi faible et sujette aux défaillances que son corps. Dans une longue prosopopée[1] *qui donne la parole à la Nature, Lucrèce montre que la mort est inhérente à la vie, et en est la condition nécessaire.*

Supposons enfin que prenant soudain la parole, la Nature adresse à l'un de nous ces reproches : « Qu'est-ce donc qui te tient si à cœur, ô mortel, pour que tu t'abandonnes à tant de douleur et de plaintes ? Pourquoi la mort te fait-elle gémir et pleurer ? Si la vie jusqu'à ce jour t'a été douce, si tous tes plaisirs n'ont pas été s'entassant dans un vase sans fond et si donc ils ne se sont pas écoulés et perdus, que ne te retires-tu de la vie en convive rassasié ? Es-tu sot de ne pas prendre de bonne grâce un repos qui ne sera plus troublé ! Mais si toutes tes jouissances se sont consumées en pure perte et si la vie n'est plus pour toi que blessure, quelle idée de vouloir la prolonger d'un moment, lequel à son tour finirait tristement et tomberait tout entier inutile. Ne vaut-il pas mieux mettre un terme à ta vie et à ta souffrance ? Car des nouveautés pour te plaire, je ne puis en inventer désormais : le monde se ressemble toujours. Si ton corps n'est plus abîmé par les ans, si tes membres ne tombent pas de langueur, tu ne verras cependant jamais que les mêmes choses, même si ta vie durait jusqu'à tromper les âges ou même si tu ne devais jamais mourir. »

LUCRÈCE
(vers 98-55 av. J.-C.)

Les détails de sa vie restent énigmatiques. Son œuvre la plus célèbre, *De la Nature des choses* est l'héritière de l'épicurisme, cette doctrine illustrée par Épicure, qui recommande, pour atteindre la sérénité, ou ataraxie, d'user modérément des plaisirs naturels et d'abolir en soi la crainte et le désir. L'œuvre de Lucrèce montre comment la physique (c'est-à-dire la nature) permet à l'esprit de l'homme de se libérer.

1. Figure de style qui consiste à faire parler un animal, un objet, un élément personnifié.

Qu'aurions-nous à répondre, sinon que la Nature nous fait un juste procès et qu'elle plaide la cause de la vérité. Mais si un malheureux plongé dans la misère se lamente sans mesure parce qu'il lui faut mourir, la Nature n'aurait-elle pas raison d'élever la voix pour l'accabler de reproches plus sévères ? « Chasse ces larmes, fou que tu es, et arrête tes plaintes. » Et si c'est un vieillard chargé d'ans : « Toutes les joies de la vie, tu les as goûtées avant d'en venir à cet épuisement. Mais tu désires toujours ce que tu n'as pas ; tu méprises ce que tu as, ta vie s'est donc écoulée sans plénitude et sans charme ; et puis soudain la mort s'est dressée debout à ton chevet avant que tu puisses te sentir prêt à partir content et rassasié. Maintenant il faut quitter tous ces biens qui ne sont plus de ton âge. Allons, point de regret, laisse jouir les autres ; il le faut. »

Livre III, v. 931-962.
trad. Henri Clouard,

TEXTE 17 • Michel DE MONTAIGNE, *Essais*, 1580

Dans ses Essais, *Montaigne se livre à une réflexion sur « l'humaine condition » tout en faisant part de ses lectures et expériences. Dans le chapitre 20 du premier Livre, intitulé « Que philosopher, c'est apprendre à mourir », il évoque la préparation à la mort. Le chapitre s'achève, là encore, sur une prosopopée de la Nature : cette dernière interpelle le lecteur et lui donne une leçon… pleine de vie.*

Tout ne branle-t-il pas votre branle[1] ? Y a-t-il chose qui ne vieillisse avec vous ? Mille hommes, mille animaux et mille autres créatures meurent en ce même instant que vous mourez.

> *Et nulle nuit jamais n'a succédé au jour, nulle aurore n'a relayé la nuit*
> *Sans qu'elles n'aient entendu, mêlées au vagissement plaintif du petit enfant,*
> *Les lugubres lamentations, compagnes de la mort et des noires funérailles.*
> (Lucrèce, *De La Nature des choses*, II, 578)

À quoi faire y reculez-vous, si vous ne pouvez tirer arrière ? Vous en avez assez vu qui se sont bien trouvés de mourir, échevant[2] par là des grandes misères. Mais quelqu'un qui s'en soit mal trouvé, en avez-vous vu ? Si[3] est-ce grande simplesse[4], de condamner chose que vous n'avez éprouvée ni par vous ni par autre. Pourquoi te plains-tu de moi et de la destinée ? Te faisons-nous tort ? Est-ce à toi de nous gouverner, ou à nous toi ? Encore que ton âge ne soit

Michel DE MONTAIGNE (1533-1592)

Il remanie toute sa vie son œuvre, les *Essais*, dans laquelle il fait dialoguer les grands auteurs de l'Antiquité et sa propre voix. Il fonde sa sagesse sur l'expérience, source de la connaissance de la condition humaine.

1. Tout ne bouge-t-il pas, n'évolue-t-il pas autant que vous ?
2. Évitant.
3. Aussi.
4. Naïveté.

pas achevé, ta vie l'est. Un petit homme est homme entier comme un grand.

Ni les hommes ni leurs vies ne se mesurent à l'aune[5]. Chiron[6] refusa l'immortalité, informé des conditions de celle-ci, par le Dieu même du temps, et de la durée, Saturne son père. Imaginez de vrai, combien serait une vie perdurable[7], moins supportable à l'homme, et plus pénible, que n'est la vie que je lui ai donnée. Si vous n'aviez la mort, vous me maudiriez sans cesse de vous en avoir privé. J'y ai à escient[8] mêlé quelque peu d'amertume, pour vous empêcher ; voyant la commodité de son usage, de l'embrasser trop avidement et indiscrètement[9]. Pour vous loger en cette modération – ni de fuir la vie, ni de refuir[10] à la mort – que je demande de vous ; j'ai tempéré l'une et l'autre entre la douceur et l'aigreur.

J'ai appris à Thalès[11] le premier de vos sages, que le vivre et le mourir étaient indifférents : par où, à celui qui lui demanda, pourquoi donc il ne mourait : il répondit très sagement : parce qu'il est indifférent.

L'eau, la terre, l'air et le feu, et les autres membres de ce mien bâtiment, ne sont non plus instruments de ta vie, qu'instruments de ta mort. Pourquoi crains-tu ton dernier jour ? Il ne confère[12] non plus à ta mort que chacun des autres. Le dernier pas ne fait pas la lassitude : il la déclare. Tous les jours vont à la mort : le dernier y arrive.

I, 20, © Arléa, éd. Cl. Pinganaud, orthographe modernisée, 2002.

5. On ne juge pas les hommes d'après leur vie.
6. Dans la mythologie grecque, centaure, qui, ayant reçu une flèche empoisonnée, demanda aux dieux de transmettre son immortalité à Prométhée pour cesser de souffrir.
7. Éternelle.
8. Intentionnellement.
9. Sans discernement.
10. Reculer devant.
11. Philosophe et savant grec (vers 625 av. J.-C.-vers-547 av. J.-C.).
12. Contribue.

Ce recueil de poèmes en prose commencé en 1924 et publié en 1942 est original dans sa manière de renouveler l'écriture et le langage poétiques. Ponge dit en 1928 vouloir « faire parler les choses », c'est-à-dire prêter la voix du poème aux instances muettes du monde inanimé.

Francis PONGE (1899-1988)

D'abord influencé par les surréalistes, Ponge évolue vers l'idée que la forme d'un poème « doit être déterminée par son objet ». Toutes les choses sont également dignes d'être exprimées, d'avoir leur place en poésie.

Faune et flore

La faune bouge, tandis que la flore se déplie à l'œil.

Toute une sorte d'êtres animés est directement assumée par le sol.

Ils ont au monde leur place assurée, ainsi qu'à l'ancienneté leur décoration.

Différents en ceci de leurs frères vagabonds, ils ne sont pas surajoutés au monde, importuns au sol. Ils n'errent pas à la recherche d'un endroit pour leur mort, si la terre comme des autres absorbe soigneusement leurs restes.

Chez eux, pas de soucis alimentaires ou domiciliaires, pas d'entre-dévoration : pas de terreurs, de courses folles, de cruautés, de plaintes, de cris, de paroles. Ils ne sont pas les corps seconds de l'agitation, de la fièvre et du meurtre.

Dès leur apparition au jour, ils ont pignon sur rue, ou sur route. Sans aucun souci de leurs voisins, ils ne rentrent pas les uns dans les autres par voie d'absorption. Ils ne sortent pas les uns des autres par gestation.

Ils meurent par dessiccation[1] et chute au sol, ou plutôt affaissement sur place, rarement par corruption. Aucun endroit de leur corps particulièrement sensible, au point que percé il cause la mort de toute la personne. Mais une

1. Dessèchement.

sensibilité relativement plus chatouilleuse au climat, aux conditions d'existence.

> Ils ne sont pas… Ils ne sont pas…
> *Leur enfer est d'une autre sorte.*

Ils n'ont pas de voix. Ils sont à peu de chose près paralytiques. Ils ne peuvent attirer l'attention que par leurs poses. Ils n'ont pas l'air de connaître les douleurs de la non-justification. Mais ils ne pourraient en aucune façon échapper par la fuite à cette hantise, ou croire y échapper, dans la griserie de la vitesse. Il n'y a pas d'autre mouvement en eux que l'extension. Aucun geste, aucune pensée, peut-être aucun désir, aucune intention, qui n'aboutisse à un monstrueux accroissement de leur corps, à une irrémédiable excroissance.
Ou plutôt, et c'est bien pire, rien de monstrueux par malheur : malgré tous leurs efforts pour s'exprimer, ils ne parviennent jamais qu'à répéter un million de fois la même expression, la même feuille.
Au printemps, lorsque, las de se contraindre et n'y tenant plus, ils laissent échapper un flot, un vomissement de vert, et croient entonner un cantique varié, sortir d'eux-mêmes, s'étendre à toute la nature, l'embrasser, ils ne réussissent encore que, à des milliers d'exemplaires, la même note, le même mot, la même feuille.

L'on ne peut sortir de l'arbre par des moyens d'arbre.

Ce roman évoque l'histoire de Dalva, une femme tempétueuse qui s'installe dans le ranch familial au Nébraska pour reprendre le contrôle de sa vie. Dans cet extrait, Paul, l'oncle de Dalva, converse avec leur voisin Fred, un rancher aussi, qui soutient que le désert contient des « mystères insondables » et qu'il faut protéger « cet héritage de liberté incarné par les terres sauvages ». Agacé, Paul lui répond.

Jim HARRISON (1937-2016)

Jim Harrison est un écrivain américain « des grands espaces ». Il publie romans, essais, contes et nouvelles en mêlant verve lyrique, veine épique et drôlerie. Il est considéré comme un des écrivains les plus importants de sa génération.

Nous détruisons le monde sauvage chaque fois que nous voulons lui faire incarner autre chose que lui-même, car cette autre chose risque toujours de se démoder. Pour la fanatique du véhicule tout terrain, pour les sociétés qui exploitent les mines, le pétrole ou le bois, cette liberté a toujours signifié une totale latitude pour se livrer à leurs exactions. Tandis que le terme d'« héritage » sert invraisemblablement aux politiciens désireux d'en appeler à une vertu dont ils ont oublié la signification. Le seul héritage repérable dans notre héritage à la terre, c'est l'exploitation et l'épuisement des sols.

– Tu veux dire que tu te sens aussi libre sur la cuvette de tes chiottes que la Baranca del Cobre[1] où nous sommes allés ?

Les lobes des oreilles de Fred arboraient une rougeur dont il espérait cacher le sens par un trait d'esprit.

– Dans ces deux situations, je me sens aussi libre – pour ma part je ne dirais pas cela ainsi –, bien que le plaisir ne soit pas le même. Quand on voit le désert pour la première fois – et que je crois que c'est vrai de n'importe quelle région sauvage –, ça n'est qu'un désert, la somme de toutes les bribes d'information que l'on a entendues

1. Canyon mexicain.

sur le désert. Puis on se met à l'étudier, à marcher, à camper dans le désert pendant des années, ce que nous avons fait tous les deux ; alors, comme tu as dit, il devient insondable, mystérieux, stupéfiant, plein de fantômes et de mirages, au point que l'on entend les voix de ceux qui ont vécu quand on examine le moindre dessin ou un fragment de poterie. Il faut ensuite laisser le désert redevenir le désert, sinon c'est l'aveuglement qui nous guette. Bien sûr, on pourrait dire par métaphore que le désert est une prison d'une complexité infinie, ce qui donne aussitôt envie de jouer avec cette évidence pour la comparer à sa propre vie. Mais chaque fois que nous demandons aux lieux d'être autre chose qu'eux-mêmes nous manifestons le mépris que nous avons pour eux. Nous les enterrons sous des couches successives de sentiments, puis d'une manière où d'une autre, nous les étouffons jusqu'à ce que mort s'en suive. Je peux réduire à néant tant le désert que le musée d'Art moderne de New York en les écrasant sous tout un monceau d'associations qui me rendront aveugle à la flore, à la faune et aux tableaux. D'habitude, les enfants trouvent plus facilement que nous des champignons ou des pointes de flèches, pour cette simple raison qu'ils projettent moins de choses sur le paysage.

Ce roman aux allures épiques raconte le défi urbanistique qu'est la construction d'un pont, à Coca, ville fictive de Californie. Tous les acteurs du chantier, venant du monde entier, sont suivis de près dans ce récit qui réécrit le mythe de la domestication de l'espace par l'homme. L'extrait qui suit évoque l'ancrage du pont, c'est-à-dire le fait de « creuser [...] deux trous dans le fond du fleuve pour y ficher des piles qui maintiendront les tours » et le travail des plongeurs.

En quatrième semaine, les plongeurs débarquent. Ils sont une cinquantaine. Leur aura les précède, panache d'admiration angoissée, et quand ils descendent des vans noirs de la Deep Seawork Company, sautant de l'habitacle les uns après les autres par bonds souples exécutés à intervalles réguliers – des commandos de marsouins en opérations –, on scrute leurs visages héroïques. Après quoi leur réputation fend la foule des ouvriers massée sur leur passage – c'est le partage des eaux –, eux s'avancent à pas lents, décontractés, de grands sacs de sport pendus à l'épaule. Parmi eux, les scaphandriers, surtout, ramassent la mise : créatures amphibies[1] vingt mille lieues sur les mers, ils coudoient les murènes[2] barbares, les poissons dragons et les poissons lanternes, frôlent les méduses égarées en migration vers la surface, caressent le ventre des cétacés[3] et tirent les moustaches des phoques, s'aveuglent du plancton en suspension dans les trouées de lumière, s'émerveillent du corail, collectent des algues étranges ; ouvriers multiplatines, ils marchent pieds lourds et casqués à même l'écorce terrestre, un narguilé leur tuyautant depuis la surface de quoi respirer ; les hommes-

Maylis DE KERANGAL (née en 1967)

Maylis de Kerangal est romancière et directrice d'une maison d'édition. Récompensés par de nombreux prix littéraires, ses romans (*Corniche Kennedy*, *Réparer les vivants*, *Tangente vers l'Est*) embrassent avec ardeur des sujets divers mais toujours rattachés à un espace particulier.

1. Capables de vivre dans l'eau et sur la terre ferme.
2. Poissons aux dents longues et pointues.
3. Mammifères aquatiques, comme la baleine et le dauphin.

grenouilles, eux, plongent pieds palmés, une réserve de gaz *ad hoc*[4] accrochée dans le dos, ce sont des hommes mutants, le noir des abysses est leur bureau, leur usine, c'est là qu'ils boulonnent, réparent, soudent, défoncent, explosent, dynamitent le fond du fleuve, pulvérisent la couche sédimentaire, retaillent les berges, aplanissent les hauts-fonds, c'est là qu'ils assistent les opérations de forage lancées par des ingénieurs au sec, activant en surface un système satellite apte à intégrer la moindre incidence de la courbure de la Terre sur le travail à accomplir, ils en contrôlent la précision inouïe – des buis plantés dans un jardin à la française. Sous l'eau, leurs poumons enflent, logent peu à peu l'air qui se comprime, leur cage thoracique craque sous la pression, leur cœur est lourd à l'intérieur mais peu à peu s'adapte et bat plus lentement, et leur corps modulable tout entier tient le coup.

Chap. « Organiser le tâtonnement »,

4. Destinée spécialement à cet usage.

Wajdi MOUAWAD (né en 1968)

Wajdi Mouawad est écrivain. Il dirige actuellement le théâtre de la Colline, à Paris. Ses œuvres sont riches de résonances mythiques pour mieux dénoncer la violence de notre époque. De ce terreau, « l'artiste-scarabée » fait jaillir ce qui fascine et ce qui bouleverse.

Ce roman polyphonique retrace l'histoire de Wahhch Debch sur les pas du meurtrier de sa femme. Mais Mouawad inverse la perspective du polar traditionnel : l'enquête est racontée par des bêtes. Ces animaux narrateurs dévoilent la sauvagerie de l'homme. Ici, le chien du chef d'une bande de trafiquants prend la parole.

Canis lupus familiaris terra americana staffordshire

L'humain est un corridor étroit, il faut s'y engager pour espérer le rencontrer. Il faut avancer dans le noir, sentir les odeurs de tous les animaux morts, entendre les cris, les grincements de dents et les pleurs. Il faut marcher, enfoncer les pattes dans une boue de sang et remonter le long d'un fil d'or abandonné par là par l'humain lui-même, lorsqu'il n'était qu'enfance et que nul toit ne scellait son plafond. Animal parmi les animaux, il ne souffrait pas encore. L'humain est un corridor et tout humain pleure son ciel disparu. Un chien sait cela et c'est pour cela que son affection pour l'humain est infinie.

Lui a fini de pleurer depuis longtemps. Nul ne peut le rencontrer. C'est un corridor condamné. À travers le treillis de ses yeux, je perçois le visage fantôme d'un enfant terrassé par la frayeur. Je voudrais tant le délivrer. Je suis un chien puissant, je n'ai peur de rien dès lors que mon maître m'ordonne d'attaquer. Il suffirait d'un mot, Kill him, Motherfucker ! et je me jetterais à sa gorge, j'y enfoncerais mes dents, j'arracherais tout ce que je pourrais arracher pour me frayer un chemin jusqu'à l'enfant et le délivrer de sa peur.

Allégorie de la Tulipomanie

de Jan Bruegel le Jeune (1601-1678), huile sur toile (30 × 47,5 cm), vers 1640. Musée Frans Hals, Haarlem, Pays-Bas

Analyse d'image 2 ▶ p. 79

Les Îles, # 0530

de Jean-François Spricigo (né en 1979), tirage sur jet d'encre pigmentaire, 2013.

Analyse d'image 3 ▶ p. 81

L'Arbre aux échelles

de François Méchain (né en 1948),
Photographie couleur sur aluminium Dibond (160 × 120 cm),
Domaine de Chaumont-sur-Loire, platane et échelles de métal (18 × 5 × 5 m env.), 2009.

Analyse d'image 4 ▶ p. 115

Le Verger de déduit

Enluminure pour Le Roman de la rose, vers 1400
Manuscrit Egerton 1069, British Library, Londres.

Mais mon maître ne m'ordonne rien. Sit, Motherfucker, don't move ! J'obéis. Cela me demande un tel effort. J'ignore combien de temps je pourrais résister. Nous roulons installés tous trois sur la banquette du truck. La plateforme est pleine de cartons que les hommes ont passé la nuit à charger. Je suis assis au milieu. Mon maître conduit. Sa main se pose sur ma tête et cela suffit pour me calmer. Lui, dans la lumière du jour, regarde devant, les yeux fixés sur le bout de la route qui défile sans fin. Le voyage sera long. Je le sens.

« *Je surveille le camion* »,
aquarelle de Michael Steddum.

Cet ouvrage, sous-titré « naturewriting », *place en effet la nature au centre de son propos en tant qu'élément menacé et incroyable force de vie. Semblant vouloir fusionner avec elle, l'auteure cherche par le langage poétique à être « remise à [s]a place sur la terre », à quitter l'anthropocentrisme. Le poème suivant glisse du monde aérien à l'aquatique.*

Sophie LOIZEAU (née en 1970)

Sophie Loizeau est poète : ses œuvres sont marquées par la présence de la nature, des mythes et du fantastique.

sommes guillemots/fous[1]
sommes quelques oiseaux

maquillés

on les tire d'en bas

sont-elles assez musclées
assez hautes les oies
dans l'enclos des poules elles s'abattent pour prendre des forces
même pour une spécialiste
réparer un squelette d'oiseau est presque toujours vain

des os si spécialisés

la mer grande à franchir
sous nos ventres et os pattes
escamotées

1. Espèce d'oiseaux.

elle séquestrait les gaz

elle les envoie dans l'atmosphère
son haut taux de carbone acidifie son eau menace
le développement des coraux
des organismes à coquilles

contenir dans nos bras la fonte des glaciers

protéger l'iceberg
sinon par l'enveloppement de tissus
de bandes géotextiles[2]

« Lien infini » : dialogue entre le végétal et le minéral, installation d'Abderrahim Yamou, à Chaumont sur Loire.

2. Tissus synthétiques utilisés dans les travaux en bâtiments, en agriculture, etc.

Lire le corpus

1• Quels sont les différents procédés utilisés par les auteurs des textes du corpus pour être « à l'écoute de la terre » ?

2• Confrontez les textes de Lucrèce (texte 16) et de Montaigne (texte 17) : quel rôle y tient la nature ?

3• Quel sort est réservé à la nature dans les textes de Jim Harrison (texte 19), de Kerangal (texte 20) et de Loizeau (texte 22) ?

4• Observez l'époque à laquelle a été écrite la majorité des textes du corpus. Que pouvez-vous en conclure ?

5• Comment le regard des narrateurs, humains et non humains, dévoile-t-il le comportement humain (façon de penser, actions) dans les textes du corpus ?

6• Dans quel but certains auteurs du corpus ont-ils recours à des narrateurs non humains ?

7• Quelle leçon peut-on tirer de la lecture de ce corpus ?

Prolongements

Recherches

Qui est Bernie Krauze ? (voir photographie, p. 61) : quelle mission artistique et écologique ce bioacousticien se donne-t-il ?

Réflexion personnelle

Estimez-vous les procédés utilisés par les auteurs du corpus efficaces pour faire évoluer les mentalités quant à la question écologique ?

Lire aussi

Maylis de Kerangal explore aussi l'univers des Calanques de Marseille et son insolente jeunesse. Vous pouvez également lire le court roman *Corniche Kennedy*.

Pause lecture 5 — Comment faire parler les choses muettes de la nature ?

Ponge, texte 18 p. 66

Retour au texte

1 • Le titre vous semble-t-il éclairer le poème ?

2 • Pourquoi peut-on qualifier ce texte de poème en prose ?

Interprétations

Une définition en creux

3 • Comment faune et flore sont-elles distinguées ? Pour répondre, relevez certains effets d'alternance.

4 • Comment expliqueriez-vous la multiplication des paragraphes ? Qu'apporte un paragraphe au précédent ?

5 • La flore est décrite en grande partie par des tournures négatives. Relevez des termes qui le montrent et expliquez l'effet créé.

Faune et Flore « pour re-nourrir l'homme »

6 • Que désigne la périphrase « frères vagabonds » (l. 6) ?

7 • Quelle image des « frères vagabonds » est donnée à voir ?

8 • Ponge, en écrivant, veut faire éprouver « l'épaisseur de choses » au lecteur : comment y parvient-il ?

Un art poétique ?

9 • Cherchez le sens premier du verbe « s'exprimer » (l. 37). Pourquoi le choix de ce verbe est-il intéressant dans le cadre d'une écriture poétique ?

10 • Au terme de votre étude, dites en quoi la forme du poème et l'écriture de Ponge qui se développe par « bouturage », par des greffes successives, coïncident avec le sujet traité.

Et vous ?

Lisez d'autres poèmes de Ponge : « Le galet », « L'escargot », ou « De l'eau » : comparez-les avec cet extrait de « Faune et flore ».

Vers l'oral du bac

Comment Ponge rend-il poétiques les « muettes instances » dont il est question dans cet extrait ?

Pause lecture 6 Comment dire le rapport ambivalent des hommes à la terre ?

Kerangal, texte 20, p. 70

Retour au texte

1 • En quoi ces plongeurs sont-ils fascinants ?

2 • Qu'est-ce qui vous semble marquant dans l'écriture de M. de Kerangal ?

Interprétations

Une description épique

3 • Relevez les termes et les actions qui font apparaître les plongeurs comme des héros, voire des guerriers pour la collectivité.

4 • M. de Kerangal distingue différentes catégories de travailleurs sur ce chantier : quelle hiérarchie se dessine ?

Une relation ambivalente à la terre

5 • Relevez les termes qui montrent un rapport direct et immédiat des plongeurs à la terre. En quoi ce rapport se révèle-t-il violent ?

6 • Pourquoi peut-on dire qu'il y a un contraste entre l'évocation des animaux présents dans le fleuve et l'extrême maîtrise technologique de l'environnement évoquée ensuite ? Comment comprendre l'image « des buis plantés dans un jardin à la française » (l. 32-33) ?

7 • La dernière phrase se recentre sur le corps humain : l'image donnée est-elle la même qu'au début du texte ?

Un souffle poétique

8 • Relevez d'une part le vocabulaire technique utilisé et d'autre part, observez les effets sonores, la longueur et le rythme des phrases : en quoi le texte se trouve-t-il être poétique malgré tout ?

9 • Certaines expressions sont placées en apposition, entre virgules comme « panaché d'admiration », et d'autres entre crochets : relevez-en quelques-unes et commentez leur effet.

Et vous ?

Choisissez quelques lignes et lisez-les sur des rythmes et des tonalités différentes (admirative, emphatique, accusatrice...). Quels effets créez-vous alors ?

Vers l'écrit du bac

Entraînement à la dissertation : Les actions des personnages de roman sont-elles forcément glorieuses ?

Analyse d'image 2

Les Îles, #0530, de Jean-François Spricigo, 2013

Dossier central images en couleurs, p. II

Retour sur l'image

1 • Quel type de nature est représenté ?

2 • La photo vous semble-t-elle l'objet d'une mise en scène de la part du photographe ?

Interprétations

Une vision

3 • Quelles couleurs dominent ? Quel est l'effet créé ?

4 • Tous les éléments qui composent la photographie sont-ils nets ?

5 • Comment la lumière est-elle répartie ? Dans quel registre la photographie pourrait-elle s'inscrire ?

6 • Décrivez et commentez le cadrage de la photo. Est-il « parfait » ?

Un certain regard sur le monde sauvage et sur soi

7 • Quels sentiments cette photographie peut-elle susciter chez celui qui la regarde ?

8 • À propos de l'exposition parisienne intitulée *Les îles* dans laquelle figure cette photographie, Jean-François Spricigo écrit : « Passer un mois seul sur une île vous fait […] évacuer le "petit moi"… L'île remet en proportion votre insignifiance face au monde, les éléments y sont tellement puissants. » En quoi cette phrase peut-elle éclairer votre regard sur la photographie proposée ?

Et vous ?

« Marcher au bord de l'eau, au bout du monde, d'île en île, points de suspension vers cette phrase à écrire… » En vous appuyant sur la photographie, poursuivez en quelques lignes et à votre guise ce début de phrase de Spricigo extrait du texte introducteur de l'exposition.

IV Des arbres et des hommes

« J'ai été voir un arbre. Pour cela, il suffit de pousser la grille d'un beau square sur l'avenue Foch, et de choisir sa victime et une chaise. Puis de contempler. », écrit Jean-Paul Sartre en 1931. L'arbre surprend les hommes et n'a de cesse d'habiter la littérature. Guetté, admiré, il fait figure de souverain du monde et se pare d'une force symbolique plurielle, à l'image de la diversité de ses essences et de sa capacité à se métamorphoser au fil des saisons. Plus encore, il est une force vitale qui relie grâce aux « prodigieuses racines » (Giono) la terre et le ciel, « comme un cri » (Paul Gadenne).

« Philosophe, as-tu chance d'avoir l'arbre dans ta rue » (Bonnefoy)

D'abord abri, son « feuillage inaltérable » offre un refuge à une faune de toutes sortes. Mais c'est aussi en son ombre que les poètes et philosophes se délassent ou méditent comme nous le montre l'extrait du *Phèdre* de Platon sur le platane (texte 23). Outre son existence physique et concrète dans les textes, l'arbre devient symbole de victoire une fois Daphné métamorphosée en laurier dans le texte 24 d'Ovide, et est convoqué pour dire la reconquête de la vie après un désastre dans la lettre ouverte de Patrick Chamoiseau et d'Édouard Glissant (texte 28). Sa robustesse en fait un monde habité et même un personnage à part entière dans le roman de Giono (texte 26) ou encore un témoin, par son écorce gravée, des amours chantées par Ronsard (texte 25). Il est enfin associé au deuil, à la mort, toujours témoin mais aussi passeur d'élégie dans le poème de Bonnefoy (texte 27).

Gustav Klimt (1862-1918), ***Arbre de vie*** (détail), projet d'œuvre pour une frise murale en mosaïque, 1905-1909 détrempe, aquarelle, peinture dorée, craie, etc. sur papier, 195 × 102, Osterreichisches Museum fûr Angewante Kunst de Vienne (Autriche).

TEXTE 23 • PLATON, *Phèdre*, vers 370 av. J.-C.

PLATON
(vers 427 av. J.-C.- vers 347 av. J.-C.)

Philosophe grec, disciple de Socrate et figure majeure de la pensée occidentale. Ses œuvres, constituées de dialogues, ont pour sujet la recherche de la vérité et la capacité humaine à connaître la réalité.

Il est assez peu commun chez Platon de voir les dialogues campés dans des lieux naturels : or le préambule du Phèdre *installe la relation pédagogique de Socrate et de son élève Phèdre dans un pré, traversé par un ruisseau et bordé plus particulièrement d'un platane. En effet,* Phèdre *aborde la question de la Beauté et de l'Amour : l'arbre, et plus généralement, le cadre naturel semblent à même d'ancrer dans une réalité sensible le discours sur l'amour et la légende évoquée.*

PHÈDRE. – Vois-tu ce platane élevé ?
SOCRATE. – Eh bien ?
PHÈDRE. – Là nous trouverons de l'ombre, un air frais, et du gazon qui nous servira de siège, ou même de lit si nous voulons.
SOCRATE. – Va, je te suis.
PHÈDRE. – Dis-moi, Socrate. N'est-ce pas ici quelque part sur les bords de l'Ilissus[1] que Borée enleva, dit-on, la jeune Orithye[2] ?
SOCRATE. – On le dit.
PHÈDRE. – Mais ne serait-ce pas dans cet endroit même ? car l'eau y est si belle, si claire et si limpide, que des jeunes filles ne pouvaient trouver un lieu plus propice à leurs jeux. […]
SOCRATE. – Par Junon, le charmant lieu de repos ! Comme ce platane est large et élevé ! Et cet agnus-castus[3], avec ses rameaux élancés et son bel ombrage, ne dirait-on pas qu'il est là tout en fleur pour embaumer l'air ? Quoi de plus gracieux, je te prie, que cette source qui coule sous ce platane, et dont nos pieds attestent la fraîcheur ? Ce lieu pourrait bien être consacré à quelques nymphes et au

1. Rivière qui coule à Athènes.
2. Dans la mythologie grecque, Borée s'éprend d'Orithye. Mais sa famille et le peuple s'opposent à ce mariage, ce qui conduit Borée à enlever Orithye d'une bourrasque, tandis qu'elle joue avec ses sœurs.
3. Arbre à poivre ou gattilier.

fleuve Achéloüs[4], à en juger par ces figures et ces statues. [230c] Goûte un peu l'air qu'on y respire : est-il rien de si suave et de si délicieux ? Le chant des cigales a quelque chose d'animé et qui sent l'été. J'aime surtout cette herbe touffue qui nous permet de nous étendre et de reposer mollement notre tête sur ce terrain légèrement incliné. Mon cher Phèdre, tu ne pouvais mieux me conduire.

Phèdre. – Je t'admire ; mon cher ; car vraiment tu ressembles à un étranger qui a besoin d'être conduit. [230d] À ce que je vois, non seulement tu ne sors jamais du pays, mais tu ne mets pas même le pied hors d'Athènes.

Socrate. – Dois-tu m'en vouloir ? J'aime à m'instruire. Or, les champs et les arbres ne veulent rien m'apprendre, et je ne trouve à profiter que parmi les hommes, à la ville.

Trad. V. Cousin, 1849.

4. Dieu fleuve de l'Épire.

Pierre-Henri de Valenciennes (1750-1819), *L'Ancienne ville d'Agrigente*, 1787, Musée du Louvre, Paris.

TEXTE 24 • OVIDE, *Les Métamorphoses*, Ier siècle ap. J.-C.

Les Métamorphoses, *œuvre poétique en vers, raconte près de 250 transformations d'êtres humains, en objets, en animaux et parfois en forces de la nature. La légende de Daphné, fille du fleuve Pénée, est l'objet de l'extrait suivant : pour se venger d'Apollon qui s'est moqué de lui, Cupidon décoche une flèche d'amour sur le dieu, qui s'éprend aussitôt de Daphné et une flèche de plomb sur cette nymphe, qui le prend en aversion. Poursuivie par Apollon, Daphné demande de l'aide à son père qui la transforme en laurier.*

OVIDE (– 43 av. J.-C.- 17 ap. J.-C.)

Poète latin vivant à Rome, il connaît l'exil sous le règne d'Auguste. *Les Héroïdes*, *L'Art d'aimer*, *Les Métamorphoses* et les *Tristes* figurent parmi ses œuvres les plus célèbres.

À peine eut-elle achevé sa prière qu'une lourde torpeur s'empare de ses membres ; une mince écorce entoure son sein délicat ; ses cheveux qui s'allongent se changent en feuillage ; ses bras en rameaux ; ses pieds, tout à l'heure si agiles adhèrent au sol par des racines incapables de se mouvoir ; la cime d'un arbre couronne sa tête ; de ses charmes il ne reste plus que l'éclat. Phébus[1] cependant l'aime toujours ; sa main posée sur le tronc, il sent encore le cœur palpiter sous l'écorce nouvelle ; entourant de ses bras les rameaux qui remplacent les membres de la nymphe, il couvre le bois de ses baisers. Alors le dieu : « Eh bien, puisque tu ne peux être mon épouse, du moins tu seras mon arbre ; à tout jamais tu orneras, ô laurier, ma chevelure, mes cithares, mes carquois ; tu accompagneras les capitaines du Latium[2], quand des voix joyeuses feront entendre des chants de triomphe et que le Capitole[3] verra venir à lui de longs cortèges. Tu te dresseras, gardienne fidèle, devant la porte d'Auguste[4], et tu protégeras la couronne de chêne suspendue au milieu ; de même que ma tête, dont la chevelure n'a jamais connu le ciseau, conserve

1. Nom latin d'Apollon, Dieu-Soleil de la mythologie gréco-latine.
2. Région de Rome, en Italie centrale.
3. Colline de Rome où se trouve le temple de Jupiter.
4. La porte de la maison d'Auguste était surmontée d'une couronne en feuilles de chênes et de lauriers.

sa jeunesse, de même la tienne sera toujours pavée d'un feuillage inaltérable. » Péan[5] avait parlé ; le laurier inclina ses branches neuves et le dieu vit agiter sa cime comme une tête.

Tome I, « Daphné » , trad. Georges Lafaye

5. Surnom d'Apollon quand celui-ci est considéré comme dieu guérisseur. C'est aussi le nom de chants en son honneur.

Le Bernin (1598-1680), *Apollon et Daphné*, 1622-1625, sculpture en marbre, Galerie Borghèse, Rome.

Les Sonnets pour Hélène *sont le dernier recueil de Ronsard, empreint d'une langueur qui immortalise Hélène de Surgères, descendante d'une illustre famille de Charentes. Ce chant d'amour semble se fixer ici sur l'arbre de Cybèle, le pin, qui symbolise la relation amoureuse unissant le poète à sa muse.*

Je plante en ta faveur cet arbre de Cybèle[1],
Ce pin, où tes honneurs se liront tous les jours :
J'ai gravé sur le tronc nos noms et nos amours,
Qui croîtront à l'envi de l'écorce nouvelle.

Faunes[2] qui habitez ma terre paternelle,
Qui menez sur le Loir[3] vos danses et vos tours,
Favorisez la plante et lui donnez secours,
Que l'Été ne la brûle, et l'Hiver ne la gèle.

Pasteur[4], qui conduiras en ce lieu ton troupeau,
Flageolant une Églogue[5] en ton tuyau d'aveine[6],
Attache tous les ans à cet arbre un tableau,

Qui témoigne aux passants mes amours et ma peine ;
Puis l'arrosant de lait et du sang d'un agneau,
Dis : « Ce pin est sacré, c'est la plante d'Hélène. »

II, 8.

Pierre DE RONSARD (1524-1585)

Poète de la Pléiade. Ses recueils (*Odes*, *Amours de Marie*, *Amours de Cassandre*, *Sonnets pour Hélène*) sont marqués par l'influence antique (Horace, Pindare) et italienne (Pétrarque). « Prince des poètes », il renouvelle la tradition de la poésie amoureuse par l'introduction d'accents plus personnels.

1. Cybèle changea son amant Atys en pin.
2. Divinités mythologiques de la nature.
3. Rivière du centre-ouest de la France.
4. Berger.
5. Petit poème pastoral. Il s'agit ici d'un souvenir des premiers vers des *Bucoliques* de Virgile.
6. Flûte rustique faite au moyen d'une tige d'avoine.

Jean GIONO, *Un roi sans divertissement*, 1947

Dans un village du Trièves, massif alpin, des personnes disparaissent. Frédéric, propriétaire d'une scierie observe le manège étrange d'un homme autour d'un hêtre. Cet arbre devient véritablement un personnage du roman.

Le hêtre de la scierie n'avait pas encore, certes, l'ampleur que nous lui voyons. Mais, sa jeunesse (enfin, tout au moins par rapport avec maintenant) ou plus exactement son adolescence était d'une carrure et d'une étoffe qui le mettaient à cent coudées au-dessus de tous les autres arbres, même de tous les autres arbres réunis. Son feuillage était d'un dru, d'une épaisseur, d'une densité de pierre, et sa charpente (dont on ne pouvait rien voir, tant elle était couverte et recouverte de rameaux plus opaques les uns que les autres) devait être d'une force et d'une beauté rares pour porter avec tant d'élégance tant de poids accumulé. Il était surtout (à cette époque) pétri d'oiseaux et de mouches ; il contenait autant d'oiseaux et de mouches que de feuilles. Il était constamment charrué[1] et bouleversé de corneilles, de corbeaux et d'essaims ; il éclaboussait à chaque instant des vols de rossignols et de mésanges ; il fumait de bergeronnettes et et d'abeilles ; il soufflait des faucons et des taons[2] ; il jonglait avec des balles multicolores de pinsons, de roitelets, de rouges-gorges, de pluviers[3] et de guêpes. C'était autour de lui une ronde sans fin d'oiseaux, de papillons et de mouches dans lesquels le soleil avait l'air de se décomposer en arcs-en-ciel comme à travers des jaillissements d'embruns. Et, à l'automne, avec ses longs poils cramoisis, ses mille bras entrelacés de serpents verts, ses cent mille mains de feuillages d'or jouant

Jean GIONO

Voir page 50.

1. Labouré.
2. Grosse mouche piqueuse.
3. Bergeronnettes, pinsons, roitelets et pluviers sont de petits oiseaux.

avec des pompons de plumes, des lanières d'oiseaux, des poussières de cristal, il n'était vraiment pas un arbre. Les forêts, assises sur les gradins des montagnes, finissaient par le regarder en silence. Il crépitait comme un brasier ; il dansait comme seuls savent danser les êtres surnaturels, en multipliant son corps autour de son immobilité ; il ondulait autour de lui-même dans un entortillement d'écharpes, si frémissant, si mordoré, si inlassablement repétri par l'ivresse de son corps qu'on ne pouvait plus savoir s'il était enraciné par l'encramponnement de prodigieuses racines ou par la vitesse miraculeuse de la pointe de toupie sur laquelle reposent les dieux. Les forêts, assises sur les gradins de l'amphithéâtre des montagnes, dans leur grande toilette sacerdotale[1], n'osaient plus bouger. Cette virtuosité de beauté hypnotisait comme l'œil des serpents ou le sang des oies sauvages sur la neige. Et, tout le long des routes qui montaient ou descendaient vers elle, s'alignait la procession des érables ensanglantés comme des bouchers.

1. Tenue propre aux prêtres.

Yves Bonnefoy, *Du mouvement et de l'immobilité de Douve*, 1953

Ce recueil au titre énigmatique se consacre à Douve, femme aimée mais défunte : le recueil oscille ainsi entre une réflexion sur la mort, cette immobilité, et la façon de la penser, pour celui qui reste en vie, animé. Ici, l'adresse aux arbres confère à ces végétaux le rôle de témoins et de médiateurs, de passeurs de la mort.

Aux arbres

Vous qui vous êtes effacés sur son passage,
Qui avez refermé sur elle vos chemins,
Impassibles garants que Douve[1] même morte
Sera lumière encore n'étant rien.

Vous fibreuse matière et densité,
Arbres proches de moi quand elle s'est jetée
Dans la barque des morts[2] et la bouche serrée
Sur l'obole[3] de faim, de froid et de silence.

J'entends à travers vous quel dialogue elle tente
Avec les chiens[4], avec l'informe nautonier[5],
Et je vous appartiens par son cheminement
À travers tant de nuit et malgré tout ce fleuve.

Le tonnerre profond qui roule sur vos branches,
Les fêtes qu'il enflamme au sommet de l'été
Signifient qu'elle lie sa fortune à la mienne
Dans la médiation[6] de votre austérité.

Yves Bonnefoy (1923-2016)

La poésie de Bonnefoy cherche à saisir ce que la vie a d'immédiat. Le poète a selon lui pour fonction « de montrer un arbre, avant que notre intellect nous dise que c'est arbre ».

1. Nom de la femme aimée.
2. Allusion à Charon, qui faisait traverser aux Morts le fleuve des Enfers sur sa barque.
3. Unité monétaire de faible valeur.
4. Allusion à Cerbère, chien à tris têts qui gardait la porte des Enfers.
5. Il s'agit de Charon.
6. Fait de servir d'intermédiaire entre deux ou plusieurs choses.

TEXTE 28 • Edouard GLISSANT et Patrick CHAMOISEAU, *Lettre ouverte à propos du cyclone Dean*, 2007

Le cyclone Dean, en 2007, a provoqué d'importants dégâts dans la région antillaise. Profitant du passage du Premier ministre François Fillon, Édouard Glissant et Patrick Chamoiseau unissent leurs forces pour écrire cette lettre ouverte : le cyclone passé, il est temps de céder la place à une remise en question et à la nécessité d'une renaissance. L'arbre est ainsi convoqué métaphoriquement comme exemple d'une reconquête, une réappropriation de l'aprézan[1].

Lettre ouverte à MM. les Présidents des Conseils Régional et Général.

Et à tous les élus de la Martinique

[...] Ce qui est vrai pour le monde naturel l'est aussi pour les cultures, les peuples, les identités ou les civilisations. Il serait absurde de ne retenir de la crise que le gémissement ou le frisson de crainte. Il serait dommage de faire moins que le biotope[2] le plus élémentaire, moins que les animaux, pour simplement restaurer l'ordre ancien que la crise a défait. Comme si l'arbre plutôt que de s'offrir aux nouvelles feuillées, aux ramures impatientes, s'échinait à retrouver, à regretter, celles qui ont suivi le vent. Dans quelques jours, les jeunes pousses seront là. Les oiseaux auront changé leurs nids. Dès demain, l'entour[3] sera frémissant de germinations et de recommencements. Dans toute crise un maintenant s'ouvre d'emblée. Aprézan.

Édouard GLISSANT (1928-2011) et Patrick CHAMOISEAU (né en 1953)

Écrivains martiniquais, ils ont tous deux mené une réflexion sur la littérature et la langue créoles tout en défendant la diversité du monde.

1. Terme issu du créole martiniquais signifiant « à présent ».
2. Milieu biologique offrant des conditions de vie relativement stables.
3. Ce qui est autour de.

Aprézan profiter de cette calamité pour assainir ce qui peut l'être. Aprézan éclaircir. Aprézan reconsidérer. Aprézan pérenniser[4] une lumière là où ruptures et brisures ont ouvert des possibles. Toute renaissance est précieuse, il n'en existe pas d'inutile ou de dérisoire. Toute refondation émerge d'un brouillard d'infimes reviviscences… C'est peut-être l'aprézan de profiter de la quasi-disparition des panneaux publicitaires qui offusquaient nos paysages pour envisager une réglementation plus restrictive. L'aprézan d'enterrer tous les fils électriques qui peuvent l'être. L'aprézan d'inciter aux citernes domestiques, à l'énergie solaire… C'est peut-être l'aprézan de revoir notre rapport aux grands arbres, comprendre que l'âge les remplit de mystère et de magie, qu'ils font partie d'un patrimoine naturel inestimable, et que tout arbre qui vit longtemps s'entretient, se soigne, s'élague, se nourrit, et qu'il ne tombe ou se démembre que lorsqu'il est négligé. Même aprézan pour les bords de mer ou des réorganisations radicales peuvent être envisagées.

4. Rendre durable, permanent un objet, un phénomène.

Lire le corpus

1• Relevez les notations descriptives des arbres évoqués dans les textes du corpus : quelles particularités pouvez-vous dégager ?

2• Recherchez ce qu'est le genre de la pastorale : quels textes du corpus se réclament plus ou moins directement de ce genre littéraire ?

3• Dans quels textes l'arbre est-il le point de départ d'une réflexion sur le monde ? Dans lesquels est-il aussi le point de départ d'une écriture ?

4• Quels sont les différents symboles rattachés à l'arbre dans ce corpus ?

5• Montrez que les références mythologiques sont nombreuses dans ce corpus. Quelles sont leurs fonctions ?

6• Comparez les textes de Giono et de Bonnefoy : comment l'arbre est-il à la fois force de vie et passeur de la mort ?

7• Comment la lettre ouverte de Glissant et Chamoiseau actualise-t-elle la force vitale de l'arbre ?

8• Comment comprenez-vous l'admiration suscitée par l'arbre dans les textes du corpus ?

Prolongements

Recherches et TICE

Créez un mur virtuel (type Padlet) qui réunira d'autres textes (poèmes, chansons...) sur les arbres ainsi que d'autres représentations picturales. Pour chacun des documents, proposez une légende et un court texte qui explique quels aspects de l'arbre sont retenus.

Pause lecture 7

Comment unir l'arbre et l'amour ?

Ronsard, texte 25, p. 86

Retour au texte

1 • À qui Ronsard s'adresse-t-il dans ce sonnet ? Rappelez la définition du sonnet.

2 • À quoi sert l'arbre du poème ?

Interprétations

Un poème d'amour

3 • Montrez la place prépondérante de la femme aimée dans ce poème en relevant les termes qui se rapportent à elle.

4 • Qui est Hélène dans la mythologie ? Pourquoi le choix de ce nom propre a-t-il son importance ici ? Observez et commentez la place de son prénom dans le sonnet.

5 • Derrière Hélène, on trouve un poète : relevez les marques discrètes du lyrisme amoureux.

Le motif de la nature

6 • Comment le monde champêtre est-il évoqué ? Montrez que cette tradition de la littérature pastorale (celle des bergers) est mêlée à des accents plus personnels par le poète.

7 • Comment le poème confère-t-il à la nature une légèreté musicale ? Étudiez les effets sonores et le rythme du sonnet.

8 • Observez le schéma des rimes dans le sizain (c'est-à-dire les deux tercets) : pourquoi ce choix est-il judicieux ?

Un poète graveur

9 • Quel est le rôle du pasteur ? De qui peut-il être le double finalement ?

10 • En vous appuyant sur le vers 3 et le dernier vers, dites en quoi l'arbre renvoie au poème lui-même.

Et vous ?

Effectuez une recherche sur Cybèle et Athis. Comment justifieriez-vous le recours à ce mythe par Ronsard ?

Vers l'écrit du bac

Entraînement à la dissertation : Les textes littéraires qui s'inspirent de la mythologie peuvent-ils malgré tout faire preuve d'originalité ?

Bonnefoy, texte 27, p. 89

Retour au texte

1 • Quels termes renvoient à la mort ?

2 • Commentez la versification de ce poème (rimes, longueur des vers, strophes) : en quoi vous semble-t-elle en accord avec le sujet du poème ?

3 • Quelle image des arbres le poète donne-t-il ?

Interprétations

Les arbres témoins d'une séparation

4 • Relevez tous les termes indiquant que le poète s'adresse directement aux arbres. Dans quel but le fait-il, d'après vous ?

5 • La mort est un passage : quels termes évoquent la traversée du fleuve des Enfers dans la mythologie ou, de façon générale, le trajet ? Relevez quelques effets sonores soulignant ce thème.

6 • De quoi les arbres sont-ils « garants » (vers 3) dans les premier et troisième quatrains ?

Les arbres médiateurs

7 • Indiquez quels termes et expressions renvoient au lien privilégié entre le poète et les arbres. Le poème vous semble-t-il lyrique cependant ?

8 • Observez les pronoms personnels, possessifs et les déterminants renvoyant aux trois « personnages » (Douve, les arbres et le poète lui-même) : quand le poète semble-t-il le plus éloigné, le plus proche de Douve ?

La réflexion sur la mort de Douve

9 • Quels termes montrent l'horreur de la mort pour le poète ?

10 • Pourquoi peut-on dire que Douve semble toujours vivante ? Justifiez votre réponse.

11 • Le recueil dont est extrait ce poème s'intitule *Du mouvement et de l'immobilité de Douve* : en définitive, qu'est-ce qui permet de remettre en mouvement l'immobilité de Douve ?

Vers l'oral du bac

En quoi ce poème constitue-t-il une étape importante dans le deuil du poète ?

Et vous ?

Lisez le poème « Aux arbres » de Victor Hugo dans *Les Contemplations* (III, 24) : lequel de ces deux poèmes, celui de Hugo et celui de Bonnefoy, préférez-vous et pourquoi ?

Analyse d'image 3

L'Arbre aux échelles, de François Méchain, 2009

Dossier central images en couleurs, p. III

Retour sur l'image

1 • Cette œuvre est une installation de *land art* : comment expliquez-vous ces termes ?

2 • Auriez-vous envie de grimper à une des échelles de cet arbre ? Pourquoi ?

Interprétations

Land art

3 • Observez les dimensions de l'installation et commentez-les.

4 • Comment justifiez-vous le choix d'une installation en extérieur (caractère pratique mis à part pour un arbre) ? Quel est l'intérêt d'un tel choix ?

5 • Combien d'échelles distinguez-vous ? Sont-elles toutes de la même taille ? Pour quelles raisons d'après vous ?

Pourquoi s'élever ?

6 • Ces échelles invitent celui qui les regarde à grimper : quelle vision du monde cela permet-il ?

7 • Quelles peuvent être les autres raisons de grimper à cet arbre ? Imaginez différentes possibilités.

8 • Quel rôle symbolique cette installation confère-t-elle à l'arbre ?

9 • De quoi ces échelles sont-elles la métaphore ?

Et vous ?

Cette œuvre est une allusion à la fable d'Italo Calvino, *Le Baron perché*, parue en 1957. Lisez-la et dites ce que vous pensez du choix de vie du baron.

V Des jardins et une rose

Le motif du jardin en littérature traverse les époques et se décline sous différentes formes. Espace clos, dans la tradition de *l'hortus conclusus* médiéval (littéralement, jardin fermé), il est la marque de l'inscription de la culture dans la nature, c'est-à-dire le lieu où l'homme impose sa marque à une nature indisciplinée. C'est la raison pour laquelle, en littérature, le jardin semble toujours porter l'empreinte d'une époque. Il cristallise sa vision du monde et ses spécificités esthétiques.

Lieu de l'enchantement, il est caractérisé par l'abondance et la variété chez Homère, où le jardin du roi Alcinoos apparaît comme un cadre préfigurant l'utopie (texte 29). Le jardin médiéval de Chrétien de Troyes conserve ce trait tout en se parant de merveilleux (texte 30). Harmonieux, le jardin de l'abbaye de Thélème obéit aux idéaux humanistes de

« *Quelque chose de surprenant qu'on ne peut décrire* » (Scudéry)

Rabelais (texte 31), tandis que le jardin de Versailles sous la plume de Mme de Scudéry initie à la galanterie (texte 32). Puis on passe d'une nature humanisée au jardin ensauvagé romantique dans l'extrait des *Misérables* de Hugo (texte 33). C'est à une sorte d'*ekphrasis*[1] des jardins si fleuris de Giverny peints par Claude Monet que se livre Aragon dans le texte 34. Enfin, la rose est « déclic » poétique chez le poète Dominique Fourcade (texte 35).

Pierre-Joseph Redouté (1759-1840), *Anémone de rose*.

1. Procédé littéraire présent dès la littérature grecque antique qui vise à décrire une œuvre d'art.

TEXTE 29 • HOMÈRE, *Odyssée*, fin VIIIe s. av. J.-C.

Après la guerre de Troie, Ulysse tente de joindre son île, Ithaque. Il errera dix années sur les mers. Après un long séjour chez Calypso, Ulysse manque de mourir dans la tempête provoquée par Poséidon. Mais il échoue chez les Phéaciens et est recueilli par le roi Alcinoos, dont il découvre les somptueux jardins.

HOMÈRE
(VIIIe siècle av. J.-C.)

Représenté par la tradition comme un aède aveugle déclamant ses poèmes, c'est surtout la figure légendaire de l'auteur de l'*Iliade* et de l'*Odyssée* que retient la postérité.

Aux côtés de la cour, on voit un grand jardin, avec ses quatre arpents enclos dans une enceinte. C'est d'abord un verger dont les hautes ramures, poiriers et grenadiers et pommiers aux fruits d'or et puissants oliviers et figuiers domestiques, portent, sans se lasser ni s'arrêter, leurs fruits ; l'hiver comme l'été, toute l'année, ils donnent ; l'haleine du Zéphyr[1], qui souffle sans relâche, fait bourgeonner les uns, et les autres donner la jeune poire auprès de la poire vieillie, la pomme sur la pomme, la grappe sur la grappe, la figue sur la figue. Plus loin, chargé de fruits, c'est un carré de vignes, dont la moitié, sans ombre, au soleil se rôtit, et déjà l'on vendange et l'on foule les grappes ; mais dans l'autre moitié, les grappes encore vertes laissent tomber la fleur ou ne font que rougir. Enfin, les derniers ceps bordent les plates-bandes du plus soigné, du plus complet des potagers ; vert en toute saison, il y coule deux sources ; l'une est pour le jardin, qu'elle arrose en entier, et l'autre, sous le seuil de la cour, se détourne vers la haute maison, où s'en viennent à l'eau tous les gens de la ville. Tels étaient les présents magnifiques des dieux au roi Alcinoos. Or, le divin Ulysse restait là à contempler.

Chant VII, v. 112-133, (fin VIIIe s. av. J.-C.),
trad. V. Bérard, 1924.

1. Vent d'Ouest, doux et agréable.

Chrétien DE TROYES, *Érec et Énide*, vers 1170

Ce roman de chevalerie narre les aventures du chevalier Érec, marié à Énide. Attiré à la Cour du roi Évrain par l'épreuve mystérieuse de la « Joie de la cour », Érec s'obstine à vouloir y participer. Indifférent à la foule qui se désole, il arrive au lieu de l'épreuve, le verger merveilleux : au Moyen Âge, ce lieu renvoie à la fois à l'émerveillement et à l'horreur : ainsi le motif du jardin clos médiéval, d'ordinaire lié à l'amour courtois, est ici détourné.

Mais je ne dois pas omettre,
sous le prétexte que cela fatiguerait et épuiserait ma langue
de vous donner du verger une description
véridique, conforme à l'histoire.
Autour du verger, il n'y avait
ni mur ni palissade, mais de l'air seulement.
C'était de l'air qui de toutes parts
formait par magie la clôture du jardin,
si bien qu'on ne pouvait y pénétrer,
sinon en volant par-dessus,
comme s'il fût tout clos de fer.
Et tout l'été comme tout l'hiver,
il y avait là fleurs et fruits mûrs
et ces fruits, par quelque sortilège,
se laissaient manger sur place :
interdiction était faite de les porter au dehors,
car qui aurait voulu en emporter un seul,
jamais n'aurait pu ni revenir à l'entrée
ni sortir du verger,
s'il n'avait pas remis le fruit cueilli à sa place.
Et sous le ciel, il n'y a oiseau qui vole
et dont le chant plaise à l'homme

Chrétien DE TROYES (1135-vers 1183)

Chrétien de Troyes est le premier auteur de romans de chevalerie, dans lesquels il développe les idéaux de l'amour courtois, une conception ritualisée de l'amour selon laquelle le chevalier doit mériter l'amour de celle qu'il aime.

pour le divertir et le réjouir,
que l'on ne pût y entendre,
et il s'y trouvait beaucoup de chaque espèce.
Et la terre, dans toute son étendue,
ne produit épice ou racine
aux vertus curatives
qu'on ne puisse trouver à foison dans ce verger,
tellement on en avait planté.
Par une étroite entrée,
la masse des gens y a pénétré,
le roi Évrain comme tous les autres
Érec chevauchait, la lance en arrêt,
à travers le verger,
écoutant avec délice le ramage[1]
des oiseaux qui y chantaient ;
ils lui figuraient sa joie,
ce à quoi il aspirait le plus.
Mais voici qu'il aperçut une chose étonnante
qui aurait pu effrayer
le plus hardi des combattants,
parmi tous ceux que nous connaissons,
fût-il Thiébaut l'Esclavon,
Opiniel ou Fernagu[2],
car devant eux, sur des pieux aigus,
étaient plantés des heaumes luisants et clairs
et sous la bordure inférieure de chaque heaume
apparaissait une tête d'homme.

Vers 5731-5802, (1170), © Librairie Générale Française
- Le Livre de Poche, trad. J.-M. Fritz, 1992.

1. Pépiement.
2. Célèbres rois et chevaliers sarrasins des poèmes épiques médiévaux.

François RABELAIS, *Gargantua*, 1532

L'abbaye de Thélème, qui est une forme d'utopie humaniste, est offerte par Gargantua à Frère Jean, qui l'a secondé dans sa guerre contre Picrochole. Mais bien que situé dans une abbaye, le jardin attenant est davantage imaginé à partir des jardins italiens de la Renaissance, voués à l'agrément, au plaisir, qu'à partir des jardins monastiques médiévaux, voués au recueillement, conformément aux idéaux intellectuels et esthétiques humanistes.

Au milieu de la cour intérieure, il y avait une magnifique fontaine de bel albâtre[1]. Au-dessus, les trois Grâces[2], portant des cornes d'abondance, rejetaient l'eau par les mamelles, la bouche, les oreilles, les yeux et les autres orifices du corps. La partie du bâtiment située au-dessus de cette cour était supportée par de gros piliers de calcédoine et de porphyre[3] et des arcs à l'antique, sous lesquels se trouvaient de belles galeries, longues et vastes, ornées de peintures et de cornes de cerfs, de licornes, de rhinocéros, de dents d'hippopotames ou d'éléphants, et d'autres choses dignes d'admiration. Les appartements des dames allaient de la tour Arctique à la porte Antarctique. Les hommes occupaient le reste. En face des appartements des dames, au-dehors, il y avait pour les distraire, entre les deux premières tours, les lices[4], l'hippodrome, le théâtre et les bassins, avec les mirifiques[5] piscines à trois niveaux, bien pourvues de tout l'équipement nécessaire et d'eau de myrte[6] en abondance.

Le long de la rivière, c'était le beau jardin d'agrément avec, en son milieu, le beau labyrinthe. Entre les deux autres tours, les jeux de paume et de ballon. Du côté de

François RABELAIS (1494-1553)

François Rabelais mêle dans ses romans monde des géants et monde humain (*Pantagruel*, *Gargantua*). Cet écrivain humaniste cultive érudition et gaité dans un style plein de verve et d'énergie.

1. Variété de marbre, d'un blanc laiteux.
2. Dans la mythologie, déesses incarnant la beauté et la créativité.
3. Cristaux précieux.
4. Espaces où se déroulent les tournois.
5. Merveilleuses, incroyables.
6. Arbuste très parfumé.

la tour Glaciale, le verger, planté de toutes les espèces d'arbres fruitiers, tous disposés en quinconce[1]. Au bout s'étendait le grand parc, foisonnant de toutes sortes de bêtes sauvages.

Chap. LV, « Comment était la demeure des Thélémites » (1532), trad. français moderne M. Lazard, © Pluriel, 2012.

1. Disposés par groupes de cinq, dont quatre aux angles d'un carré ou rectangle et un au milieu.

Concert dans la cour d'un château, peinture sur émail, école française XVIe siècle, Musée du Louvre, Paris.

Dans cette nouvelle de Madame de Scudéry, la narratrice fait visiter jardin et palais à une « Belle étrangère », accompagnée de compatriotes exilés, Glicère et Télamon : la description de ces lieux est aussi une représentation de la galanterie du XVIIe siècle, cet art de plaire en société par un extrême raffinement et une preuve de la magnificence du roi Louis XIV et de la culture française.

Nous fûmes dans le jardin de fleurs à balustrade dorée, bordé de cyprès et d'arbustes différents, et rempli de mille espèces de fleurs ; la face d'en bas est fermée par une balustrade à hauteur d'appui, d'où la vue est fort champêtre. Ce jardin, aussi bien que tous les autres, a ses terrasses bordées de vases de cuivre peints en porcelaine. Au-dessous de cette terrasse à balustrade est le jardin des orangers, dont la belle Étrangère fut extrêmement surprise ; car elle ne comprenait pas qu'on pût mettre de si grands arbres dans des caisses. Télamon qui a extrêmement voyagé, avoua n'en avoir jamais vu de si beaux, et ne loua pas moins les myrtes, dont l'ancienneté les rend admirables. […]

– À ce que je vois, me dit la belle Étrangère, votre Prince se plaît à faire que l'Art ou surmonte ou embellisse la nature partout.

– Afin de vous confirmer dans ce sentiment, lui dis-je, je n'ai qu'à vous dire que ce n'est pas une affaire pour lui de changer des étangs de place, et qu'un de ces jours, il en changera deux, ou trois, et il y en aura un vis-à-vis d'ici, pour orner ce petit coin de paysage.

Madeleine DE SCUDÉRY (1607-1701)

Madeleine de Scudéry s'attache à construire dans ses romans-fleuves une image de la société précieuse et galante de son temps : en témoigne la carte du Tendre, topographie imaginaire de l'Amour, dans *Clélie*.

– On dirait à vous entendre parler, dit Glicère, que le roi change aussi facilement des étangs de place, qu'on change les pièces du jeu des échecs.

– Plus aisément encore, repris-je en riant, et cette grande orangerie qui est sous la terrasse où nous sommes, sera encore plus longue de la moitié qu'elle n'est, quoiqu'elle soit déjà très belle.

Nous fûmes alors voir tous ces beaux orangers de plus près, que la belle Étrangère admira encore davantage. On lui fit voir ensuite ces grands jardins pour les fruits, où les espaliers de hauteurs différentes disposés en allées, et exposés judicieusement au soleil, on a trouvé l'art d'avoir des fruits qu'on croirait que le soleil de Provence aurait fait mûrir. Nous fûmes au sortir du jardin des orangers voir en passant le labyrinthe, et entre des bois verts entrecoupés d'allées et de fontaines, gagner le haut de ce superbe jardin, qu'on appelle le fer à cheval à cause de sa figure, et dont la magnificence toute royale montre assez qu'il ne peut être à un particulier, quelque grand qu'il fût. La terrasse qui règne au-dessus est un endroit admirable pour la vue, rien de trop loin, rien de trop près ; elle est bordée d'arbustes sauvages toujours verts. Et ce grand jardin en amphithéâtre avec trois perrons magnifiques, et trois rondeaux situés en triangle, a quelque chose de surprenant qu'on ne peut décrire. Tout y rit, tout y plaît, tout y porte la joie, et marque la grandeur du Maître[1].

1. Le roi Louis XIV.

Victor HUGO, *Les Misérables*, 1862

Dans ce roman qui dépeint la destinée des « misérables », Victor Hugo ménage parfois des havres salutaires : c'est le cas du jardin de la rue Plumet où habitent Jean Valjean et sa jeune protégée, Cosette. Cette dernière, tombée amoureuse d'un inconnu, Marius, au jardin du Luxembourg, parvient à le retrouver un peu plus tard : le jardin abrite alors leurs premières amours.

Ce jardin ainsi livré à lui-même depuis plus d'un demi-siècle était devenu extraordinaire et charmant. Les passants d'il y a quarante ans s'arrêtaient dans cette rue pour le contempler, sans se douter des secrets qu'il dérobait derrière ses épaisseurs fraîches et vertes. Plus d'un songeur à cette époque a laissé bien des fois ses yeux et sa pensée pénétrer indiscrètement à travers les barreaux de l'antique grille cadenassée, tordue, branlante, scellée à deux piliers verdis et moussus, bizarrement couronnée d'un fronton d'arabesques indéchiffrables. Il y avait un banc de pierre dans un coin, une ou deux statues moisies, quelques treillages décloués par le temps pourrissant sur le mur ; du reste plus d'allées ni de gazon ; du chiendent[1] partout. Le jardinage était parti, et la nature était revenue. Les mauvaises herbes abondaient, aventure admirable pour un pauvre coin de terre. La fête des giroflées y était splendide. Rien dans ce jardin ne contrariait l'effort sacré des choses vers la vie ; la croissance vénérable était là chez elle. Les arbres s'étaient baissés vers les ronces, les ronces étaient montées vers les arbres, la plante avait grimpé, la branche avait fléchi, ce qui rampe sur la terre avait été trouvé ce qui s'épanouit dans l'air, ce qui flotte au vent s'était penché vers ce qui se traîne dans la mousse ;

Victor HUGO

Voir page 48.

1. Plante dont les racines sont nuisibles aux cultures.

troncs, rameaux, feuilles, fibres, touffes, vrilles, sarments[1], épines s'étaient mêlés, traversés, mariés, confondus ; la végétation, dans un embrassement étroit et profond, avait célébré et accompli là, sous l'œil satisfait du créateur, en cet enclos de trois cents pieds carrés, le saint mystère de sa fraternité, symbole de la fraternité humaine. Ce jardin n'était plus un jardin, c'était une broussaille colossale, c'est-à-dire quelque chose qui est impénétrable comme une forêt, peuplé comme une ville, frissonnant comme un nid, sombre comme une cathédrale, odorant comme un bouquet, solitaire comme une tombe, vivant comme une foule.

IVe partie, Livre III, chap. 3.

Justin Creedy Smith, photographe américain, *Grille de parc qui mène à la lumière*, 1984.

1. Branches flexibles.

Louis ARAGON, *Aurélien*, 1944

Ce roman évoque les amours d'Aurélien, jeune rentier célibataire, et de Bérénice : d'abord bouleversés par une passion inédite, ils ne se comprennent pas. Dans cet extrait, Bérénice venue oublier Aurélien dans les bras de Paul Denis, un poète qui l'a emmenée à Giverny, part seule se promener et vient rêver tout près de la propriété du peintre Claude Monet, quand apparaît Aurélien, comme par magie.

Quand elle fut devant le beau jardin que partageait le chemin, elle s'arrêta et regarda à gauche le pont, l'eau, les arbres légers, la tendresse des bourgeons, les plantes aquatiques. Puis se tourna du côté de la maison qu'habitait ce grand vieillard qu'elle avait souvent vu de loin, et dont tout le pays parlait. Celui qui ne pouvait voir les fleurs fanées. Elle vit les fleurs bleues. À leur pied, la terre fraîchement remuée. Des fleurs bleues partout. La petite allée vers la maison. Le gazon clair et d'autres fleurs bleues. Elle s'appuya à la grille et se mit à rêver. Si l'on pouvait, en soi, quand les fleurs vont se faner, les arracher tout de suite, et en remettre d'autres ? Changer la couleur du cœur pendant la nuit… demeure toujours à cet instant de la floraison parfaite… oublier… ne pas même oublier… ne pas avoir à oublier…

La lumière était si belle sur les fleurs… Qu'est-ce que c'était ces fleurs ? On dit qu'il n'y a pas de vraies fleurs bleues. Pourtant… Qui sait s'il les voyait bleues, le grand vieillard[1], là-dedans. On disait que ces yeux étaient malades. Il pouvait devenir aveugle. Terrible à penser. Un homme dont toute la vie était dans les yeux. Il avait quatre-vingts

Louis ARAGON (1897-1982)

Louis Aragon est d'abord un poète proche du surréalisme avant de soutenir publiquement le Parti communiste et de s'engager dans la Résistance. Son recueil, *Les Yeux d'Elsa*, poèmes d'amour à sa compagne, rencontre un vif succès.

1. Monet.

ans passés. S'il devenait aveugle… On pouvait l'imaginer exigeant encore qu'on arrachât les fleurs avant qu'elles fussent fanées, ces fleurs que de toute façon il ne verrait plus… Les fleurs bleues feraient place à des roses. Puis il y en aurait de blanches. Chaque fois, d'un coup, c'était comme si on repeignait le jardin. À quel degré de nostalgie faut-il en être arrivé pour ordonner cela ? Des jardiniers passaient au fond, dans le jardin. Ils avaient l'air inquiet et désœuvré. Ils semblaient inspecter les fleurs. Si par hasard on avait oublié une de ces marguerites orangées qui étaient là hier ? Dans un coin quelconque… Est-ce qu'on sait ce qu'on peut laisser quelque part dans son cœur ? Quelles lettres traînent dans nos tiroirs ? Bérénice appuyait son visage à la grille. La maison, derrière les buissons de fleurs, était calme et comme vide. Peut-être y dormait-on. Ses volets verts, son toit rouge… Elle avait un peu l'air d'une maison coloniale. Le reflet des fleurs bleues traînant sur les cailloux des allées. Peut-être n'y avait-il personne que l'ombre des jardiniers, aux pieds silencieux… Et Bérénice. Et les rêves de Bérénice. Rien maintenant ne retenait plus ses rêves. Personne. Ni Paul, ni Archie, ni le sourire complice des Vanhout, ni le banjo de Molly. Bérénice rêvait. Oublieuse de ses griefs[1]. Possédée d'une chanson jamais chantée. Parmi les fleurs bleues, le gravier luxueux, devant la maison pareille à toutes les maisons dans les rêves. Et dans ce rêve-ci, il y avait un homme, un grand homme lent et indécis, avec un doux mouvement roulant des épaules, des cheveux noirs… un homme qui emportait le cœur, un homme qui parlait peu, qui souriait bien… Aurélien…

1. Sujets de plaintes.

mon amour… Aurélien… « Bérénice ! » Elle tressaille. Qui l'a appelée ? De l'autre côté de la grille. Impossible. Il est là, debout, tête nue, qui sourit, qui tourne vers elle ses yeux humides… Un grand homme lent et indécis… Aurélien… Elle passa la main sur son front. « Bérénice ! » Il avait répété son nom. Ce n'était pas un rêve. Aurélien était là, dans le jardin de Claude Monet, et il la regardait, et il était en larmes. Les fleurs étaient bleues, indiscutablement. Le soleil joua sur sa peau sombre. Bérénice sentit son cœur battre. Elle avait peur. Il fallait fuir. Ses mains ne lâchaient pas la grille. Soudain elle vit qu'il se dirigeait vers la porte. Alors elle partit en courant dans le chemin creux.

Chap. LXIII, © Éditions Gallimard.

Jardins de Claude Monet à Giverny, 2016.

TEXTE 35 • Dominique FOURCADE, *Rose-déclic*, 1984

Dominique FOURCADE (né en 1938)

Dominique Fourcade est un poète et critique d'art. Il s'inscrit dans une pratique poétique qui refuse le lyrisme et impose le rythme, le mouvement, la vitesse comme ressort principal du poème, qui est toujours « pris dans le réel ».

Dans ce livre, Fourcade évoque à partir du mot « rose » toutes les choses expérimentées. Cette fleur, merveille du jardin chantée par tant de poètes est ici l'objet d'une invention, celle des multiples possibilités de la langue.

I

Éclatent au dernier jour comme la mort
Exposées calmes apaisées comme elle ouvertes à plat
C'est la vie qui fait le mystère rien d'autre
Débordantes comme la mort le dernier jour
Éclatent et cessent de boire
Les roses

III

Rose
Blancheur au chant du rossignol
Monde comme bourdonnement de roseraie
Comme reprise de lui-même
Monde comme très victorieux alto
Réel comme pantelance
Rose balancement même du réel dans sa condition de production

Résonance

Angelus SILESIUS,
Le Pèlerin chérubinique, 1657

Ce poème est extrait d'un recueil d'aphorismes religieux, du poète mystique allemand Silesius (1624-1677).

La rose est sans pourquoi,
Elle fleurit parce qu'elle fleurit,
Elle ne se soucie pas d'elle-même,
Elle ne se demande pas si on la voit.

Livre I, 289.

Daniel Seghers (1590-1661), *Fleurs dans un vase en verre*, huile sur cuivre

Lire le corpus

1• Quelles caractéristiques communes retrouve-t-on dans les textes du corpus ?

2• Recherchez les contextes littéraires et culturels dans lesquels s'inscrivent les textes du corpus (notamment humanisme, préciosité, romantisme) et dites quels idéaux ils véhiculent.

3• Comment le merveilleux se manifeste-t-il dans certains des textes du corpus ?

4• La fleur est très présente dans les textes du corpus : relevez-en les occurrences et montrez ce qu'elles peuvent révéler.

5• À quels types de rêverie ou de pensée jardins et rose se prêtent-ils dans les textes du corpus ?

6• Les jardins dans les textes du corpus sont-ils tous des manifestations du désir de l'homme à domestiquer la nature ?

Prolongements

Recherches

a. Cherchez d'autres poèmes célèbres qui évoquent la rose.

b. Effectuez des recherches sur les jardins : comment un jardin monastique est-il structuré ? Comparez-le avec un jardin tel qu'il est prisé à la Renaissance, comme par exemple :

Château de Chenonceau : https://www.chenonceau.com/jardins-renaissance/

Château de Vilandry : http://www.chateauvillandry.fr/

Château de Blois : http://www.chateaudeblois.fr/2132-jardins-remarquables.htm

Hugo, texte 33, p. 105

Retour au texte

1 • Soulignez une phrase qui vous semble emblématique du texte entier et justifiez votre choix.

2 • Qu'a de surprenant ce jardin ?

Interprétations

Un admirable jardin en ruines…

3 • Relevez le vocabulaire qui décrit ce jardin comme un monde en ruines.

4 • Le jardin est l'objet d'un éloge : montrez-le.

… mais où renaît la nature

5 • Observez le rythme des phrases, les énumérations : quel est l'effet créé ?

6 • Quels sens sont sollicités ? Commentez.

7 • Le jardin est en mouvement : montrez qu'une métamorphose semble s'opérer.

Le mystère au jardin

8 • Montrez que le lecteur découvre peu à peu ce que révèle le jardin et que de passant, il devient alors un initié.

9 • Le foisonnement devient symbiose, union harmonieuse de tous les éléments : relevez et commentez les expressions, les effets de parallélismes qui le montrent. De quel symbole fort ce jardin se fait-il porteur ?

10 • Étudiez la polysémie du mot « mystère » : en quoi éclaire-t-elle ce texte ? Justifiez votre réponse en vous appuyant sur d'autres termes et expressions du texte.

Et vous ?

Cherchez d'autres exemples d'œuvres littéraires ou iconographiques qui témoignent du goût romantique pour les ruines. Comment peut-on comprendre cet intérêt pour les ruines ?

Vers l'écrit du bac

Rédigez la conclusion du commentaire de cet extrait. Pour la phrase de clôture, prenez appui sur un exemple trouvé dans l'activité « Et vous ? » proposée ci-dessus.

Que devient une rêverie amoureuse au jardin ?

Aragon, texte 34, p. 107

Retour au texte

1 • Dégagez les différents mouvements du texte et donnez-leur un titre.

2 • Quels éléments du jardin retiennent surtout l'attention de Bérénice ?

Interprétations

Une plongée dans la rêverie

3 • Quel point de vue est privilégié dans cet extrait ? Expliquez.

4 • Cette rêverie semble s'animer : repérez les passages de discours indirect libre. Quels effets ce procédé crée-t-il ?

5 • À quoi voit-on qu'il s'agit d'une rêverie ? Observez la ponctuation, la nature des phrases, les éléments récurrents.

Le jardin, support d'une méditation sur l'amour

6 • Observez la façon dont sont évoquées les fleurs à la fin du premier paragraphe : de quoi sont-elles la métaphore ?

7 • Quelle image de l'amour est donnée dans la suite de l'extrait ? Comment comprendre l'apparition presque merveilleuse d'Aurélien ? Que peut en attendre le lecteur ?

8 • Dites pourquoi la question du regard semble si importante dans la relation qui unit Bérénice à Aurélien.

Le jardin-tableau

9 • En quoi Bérénice apparaît-elle comme une spectatrice d'un jardin-tableau ?

10 • Relevez les notations de couleurs, de lumière, d'espace qui assimilent ce jardin à une œuvre picturale.

11 • Qui est le « grand vieillard » évoqué ? En quoi apparaît-il comme une figure tutélaire qui influence la vision de Bérénice ?

Et vous ?

Cherchez quelques tableaux de Monet représentant les jardins de Giverny et confrontez-les au texte proposé.

Vers l'oral du bac

En vous appuyant sur les textes du corpus, dites en quoi le jardin est le cadre privilégié de l'amour en littérature.

Analyse d'image 4

Le Verger de déduit, enluminure, 1400

Dossier central images en couleurs, p. IV

Du texte à l'image

1 • Relevez les différents éléments qui composent l'enluminure.

2 • Que signifie « Déduit » en ancien français ? Effectuez une recherche.

Interprétations

3 • Pourquoi peut-on parler de contraste entre l'intérieur et l'extérieur du jardin ?

4 • Qu'est-ce qui fait du jardin un espace particulier ?

5 • Ce jardin est le cadre de l'amour courtois (dans la littérature médiévale, conception ritualisée de l'amour selon laquelle le chevalier doit mériter l'amour de celle qu'il aime) : quel est donc le rôle de la portière Oiseuse représentée en bas à droite et qui accueille le héros narrateur ?

6 • Quelle peut être la réaction du narrateur qui, au début du roman, découvre le jardin ? Pour répondre, appuyez-vous sur les éléments représentés dans le jardin, leurs couleurs, etc.

7 • Le jardin est la synthèse des valeurs rattachées à la *fin'amor*, l'amour parfait. Dès lors, comment comprendre la raison d'être des différentes allégories représentées sur les murs du jardin (de gauche à droite : Convoitise, Avarice, Envie et Tristesse) ?

8 • Ce jardin paradisiaque semble cependant comporter quelques dangers : pour répondre, appuyez-vous notamment sur la figure mythologique sous-tendue par le personnage qui se contemple dans l'eau de la fontaine.

Et vous ?

Visitez l'exposition virtuelle de la BNF sur l'art d'aimer au Moyen Âge et cherchez ce que représente la Rose contemplée au jardin.

« *C'est une triste chose de songer que la nature parle et que le genre humain n'écoute pas.* »

Victor Hugo

Relire…

Une terre et des hommes

Anthologie

sommaire

■ L'œuvre en débat
Comment la littérature peut-elle s'emparer de la question écologique ? 118

■ Vers l'écrit du bac
1. Une nature artificielle ? 123
2. La nature, un miroir de l'homme ? 128

■ Question d'actualité
Comment comprendre l'engouement pour les fictions catastrophes ? 135

■ Rencontre avec...
Francis Hallé 139

■ Index des auteurs 142

Vous répondrez de façon nuancée à cette question en prenant appui sur les textes de l'anthologie et sur les textes journalistiques et théoriques suivants.

Texte 1 • Frédérique Roussel, « Écologie : Les écrivains montent à la tribune »

À l'occasion de la réunion sur le climat, trente-et-un écrivains se rassemblent au Palais Bourbon pour allier littérature et écologie. Voici l'avis d'Anne-Rachel Hermetet, professeure à Angers.

Est-ce que l'inquiétude grandissante pour la survie de la planète se reflète dans la littérature ?

Les préoccupations écologiques dans la littérature, la question de l'*oikos,* maison commune qui serait la planète et comment l'habiter de façon respectueuse, apparaissent dans les essais dès le XIXe siècle. Mais dans la fiction, c'est une thématique plus récente qui rend aussi compte d'un air du temps. [...] Les textes littéraires traitant de l'environnement et de l'écologie se trouvent ainsi au croisement de discours sociaux, politiques, scientifiques. Aujourd'hui, la question qui se pose est celle de l'anthropocène *[ère de l'humain devenu un facteur géologique majeur, ndlr]* et de la pertinence de parler de « fictions de l'anthropocène ». La semaine dernière, un colloque au Collège de France se demandait ainsi comment penser l'anthropocène pour les anthropologues, philosophes et sociologues.

Est-ce que la préoccupation environnementale a d'abord émergé dans certains pays ?

Aux États-Unis, il y a une tradition du *nature writing,* genre littéraire à la gloire de la nature et d'un environnement sauvage. Ce concept est propre à l'espace américain. Une figure comme Aldo Leopold, forestier et universitaire écologiste, a influencé le développement de l'éthique[1] environnementale moderne et le mouvement des parcs naturels. Son *Almanach d'un comté des sables* (1949), publié à titre posthume, est un ouvrage culte de cette tendance.

Mais il y a aussi un mouvement propre aux pays du Sud, qu'Anne-Laure Bonvalot a baptisé « l'écologie des Sud », qui naît dès les années 90 pour se consolider dans les années 2000. Souvent dans les romans du Nord, on présente le réchauffement climatique, la pollution ou la détérioration des espèces comme une dystopie[2], alors que dans ceux du Sud, c'est présenté comme une réalité, dans une confrontation avec l'inégalité des ressources et la pauvreté […].

Est-ce qu'un roman engagé pour la défense de la planète est forcément efficace dans la prise de conscience, plus qu'une fiction sans thèse et plus imaginaire ?

C'est la différence entre littérature engagée et engagement littéraire. Si on se focalise sur un éventuel « message » de l'œuvre, c'est en général mauvais signe pour sa qualité littéraire. À l'inverse, des œuvres peuvent susciter la réflexion parce qu'elles en appellent à nos imaginaires ou par la force stylistique du récit. La question primordiale est celle de la langue. Un engagement qui passe par la force donnée aux mots et par l'usage singulier qui en est fait. Laurent Mauvignier[3] parlant du tsunami dans *Autour du monde* a une puissance d'évocation telle qu'il fait ressentir presque physiquement la violence de la vague affluant et le reflux avec tout ce qu'il charrie. […]

1. Ensemble des principes moraux.
2. Société imaginaire régie par une idéologie néfaste, telle que la conçoit son auteur.
3. Écrivain français, né en 1967.

Texte 2 • Pierre Schoentjes, *Ce qui a lieu. Essai d'écopoétique*, 2015

P. Schoentjes aborde ici l'écopoétique, c'est-à-dire l'étude du rapport entre la littérature et l'environnement naturel : il dresse un panorama littéraire de notre rapport à la nature.

Dans son étymologie, « écopoétique[1] » renvoie évidemment d'abord au grec *poiein*[2], à un *faire* littéraire qu'interroge toute poétique. Le mot partage en outre une racine avec « écologie », construit sur *oikos*, qui désignait la maison mais dans un sens qui englobe tant la demeure et les terres que les membres de la famille. Si pour le scientifique, l'écologie est l'étude de l'interaction entre les organismes et l'environnement, pour le grand public, le terme réfère à une attitude qui prend en considération l'interconnexion de tous les êtres vivants et se montre soucieuse de la manière dont nous habitons la terre. Cette responsabilité de l'homme envers l'environnement se traduit par des prises de position éthiques et politiques dont l'éventail est large et varie de manière importante d'un pays à l'autre [...].

Quelles que soient les raisons précises qui expliquent le peu de curiosité dont les études littéraires ont jusqu'à présent fait preuve en matière d'environnement, il était important de rendre cette interrogation plus visible en France. La légitimité de cette démarche apparaissait avec d'autant plus de force que les Français font un excellent accueil à des œuvres qui problématisent d'une manière ou d'une autre le rapport à la nature [...].

1. Néologisme
2. Faire, créer.

Texte 3 • Nathalie Blanc, Thomas Pughe et Denis Chartier, « Littérature & écologie : vers une écopoétique », 2008

Dans cet ouvrage, il s'agit de considérer la littérature, et surtout « l'écriture et la forme des textes comme une incitation à faire évoluer la pensée écologique ».

Ainsi la littérature comme modèle de comportement écologique est évoquée par Neil Evernden [...] : « Si dans le passé [...] il a fallu s'appuyer sur la vision inspirée des artistes pour constituer les "choses" qui occupent le domaine ordonné de la nature, il va sûrement falloir s'appuyer sur un niveau semblable d'inspiration pour les reconstituer. La prétendue crise environnementale ne demande pas l'invention de solutions, mais la recréation des choses elles-mêmes »[1]. Recréer la nature, cela consiste à la représenter par le récit et le mythe, à rédiger un « script vert[2] » (« green script ») qui ne serait pas fondé sur le désir d'exploiter les ressources de l'environnement biophysique. Au contraire, se tracerait ici une voie alternative permettant la constitution d'un « imaginaire environnemental », d'une nouvelle écriture environnementale qui ne serait plus dictée par les sciences de l'environnement ou les dogmes en la matière, ce qui améliorerait par ce biais nos chances d'éviter la menace d'un écocide[3]. L'idéal d'une poétique[4] écologique serait donc de dire l'altérité de la nature (de ce qui est sauvage) sans la civiliser, sans la cultiver. S'il ne s'agit pas pour Evernden de nier l'importance du travail concret qu'accomplissent la protection de l'environnement, le développement durable et la législation protégeant le patrimoine naturel, il lui importe en revanche de souligner que la science écologique et les politiques environnementales participent finalement plus de l'entretien des problèmes que de leur solution. L'approche écologiste de l'environnement nous implique dans un système complexe de valeurs (par exemple, la valeur intrinsèque des milieux naturels) appelant, selon Evernden, le regard du poète autant que celui du scientifique : « Il n'est pas sans ironie de constater que la société, quand enfin elle détecte une dissonance dans le monde qui l'englobe, se tourne vers la science pour la solution. Ainsi l'écologiste continue d'avancer en tâtonnant, en ramassant les morceaux et en prétendant que la découverte imminente d'un nouveau pansement miracle et sa diffusion restaureront l'harmonie de la Biosphère. Cela ne servira à rien d'imputer la responsabilité aux écologistes – l'environnementalisme implique la perception des valeurs, et les valeurs sont la devise des arts. Sans l'esthétique, l'environnementalisme n'est rien de plus que de l'aménagement régional[5] ».

Éditions Syllepse, 2008.

1. Neil Evernden, *The social creation of nature*, Johns Hopkins Univ. Press, Baltimore, 1992, p. 123.
2. L. Buell, *op. cit.*, 1995, p. 35.
3. Acte de destruction de l'écosystème.
4. Ici toute création artistique.
5. Neil Evernden, « Beyond ecology: Self, place, and the pathetic fallacy », in *Glotfelty et Fromm*, *op. cit.*, p. 103.

Texte 4 • Jean-Claude Pinson, *Autrement le monde*, 2015

Je considère au contraire que la poésie, plus que tout autre forme ou genre, est l'alliée essentielle de l'écologie. Il ne s'agit pas là de préférence personnelle, partisane. Mais de raisons objectives qui tiennent à la chose même. À savoir, pour le dire très vite, que la poésie entretient avec la question écologique, avec la nature, un lien qui n'est pas de circonstance. Il y a entre poésie et nature une connivence, une accointance qui est séculaire : un lien qui a pris au fil des siècles, la forme d'un contrat (tacite), contrat ancestral, constitutif peut-être qu'on pourrait appeler « pastoral ». Schiller l'a dit à sa manière : « Les poètes sont les garants de la nature » et quand elle est humiliée, ils en sont les « vengeurs »[1]. Accointance séculaire mais aussi universelle, partout présente, si j'en juge par exemple par la poésie chinoise : « depuis toujours, écrit ainsi Tao Yuang-Ming (365-427), j'ai été en désaccord avec le monde/mon amour instinctif va aux collines et aux montagnes. »

1. *Poésie naïve et poésie sentimentale*, trad. S. Fort, L'Arche, 2002, p. 30.

Vers l'écrit du bac 1

Une nature artificielle ?

▸ **Objet d'étude** : La question de l'Homme dans les genres de l'argumentation, du XVIe siècle à nos jours

Corpus

Texte A – Denis Diderot, *Essais sur la peinture*, 1766

Diderot développe dans ces Essais *des réflexions générales sur la peinture, dans un domaine encore récent à l'époque des Lumières : l'esthétique.*

S'il nous arrive de nous promener aux Tuileries, au bois de Boulogne ou dans quelque endroit écarté des Champs-Élysées sous quelques-uns de ces vieux arbres épargnés parmi tant d'autres qu'on a sacrifiés au parterre et à la vue de l'hôtel de Pompadour[1] sur la fin d'un beau jour, au moment où le soleil plonge ses rayons obliques à travers la masse touffue de ces arbres dont les branches entremêlées les arrêtent, les renvoient, les brisent, les rompent, les dispersent sur les troncs, sur la terre, entre les feuilles, et produisent autour de nous une variété infinie d'ombres fortes, d'ombres moins fortes, de parties obscures, moins obscures, éclairées, plus éclairées, tout à fait éclatantes ; alors les passages de l'obscurité à l'ombre, de l'ombre à la lumière de la lumière au grand éclat, sont si doux, si touchants, si merveilleux, que l'aspect d'une branche, d'une feuille arrête l'œil, et suspend la conversation au moment même le plus intéressant. Nos pas s'arrêtent involontairement ; nos regards se promènent sur la toile magique et nous nous écrions : quel tableau ! Oh que cela est beau ! Il semble que nous considérions la nature comme le résultat de l'art. Et réciproquement s'il arrive que le peintre nous répète le même enchantement sur la toile, il semble que nous regardions l'effet de l'art comme celui de la nature. Ce n'est pas au Salon, c'est dans le fond d'une forêt, parmi les montagnes que le soleil ombre et éclaire, que Loutherbourg et Vernet[2] sont grands.

1. Actuel palais de l'Élysée.
2. Artistes peintres contemporains de Diderot.

Texte B – Fénelon, *Les Aventures de Télémaque*, 1699

Les Aventures de Télémaque *constitue un développement de Fénelon à l'*Odyssée *d'Homère : il y imagine les pérégrinations de Télémaque qui recherche son père, Ulysse. Ses pas conduisent alors le jeune héros chez la nymphe Calypso, où Ulysse a déjà séjourné.*

On arriva à la porte de la grotte de Calypso, où Télémaque fut surpris de voir avec une apparence de simplicité rustique, des objets propres à charmer les yeux, il est vrai qu'on n'y voyait ni or, ni argent, ni marbre, ni colonnes, ni tableaux, ni statues : mais cette grotte était taillée dans le roc, en voûte pleine de rocailles et de coquilles ; elle était tapissée d'une jeune vigne qui étendait ses branches souples également de tous côtés. Les doux zéphyrs conservaient en ce lieu, malgré les ardeurs du soleil, une délicieuse fraîcheur ; des fontaines, coulant avec un doux murmure sur des prés semés d'amarantes et de violettes, formaient en divers lieux des bains aussi purs et aussi clairs que le cristal : mille fleurs naissantes émaillaient les tapis verts dont la grotte était environnée.

Là on trouvait un bois de ces arbres touffus qui portent des pommes d'or, et dont la fleur, qui se renouvelle dans toutes les saisons, répand le plus doux de tous les parfums ; ce bois semblait couronner ces belles prairies, et formait une nuit que les rayons du soleil ne pouvaient percer. Là on n'entendait jamais que le chant des oiseaux, ou le bruit d'un ruisseau, qui, se précipitant du haut d'un rocher, tombait à gros bouillons pleins d'écume, et s'enfuyait au travers de la prairie.

La grotte de la déesse était sur le penchant d'une colline. De là on découvrait la mer, quelquefois claire et unie comme une glace, quelquefois follement irritée contre les rochers, où elle se brisait en gémissant, et élevant ses vagues comme des montagnes. D'un autre côté, on voyait une rivière où se formaient des îles bordées de tilleuls fleuris et de hauts peupliers qui portaient leurs têtes superbes jusque dans les nues. Les divers canaux qui formaient ces îles semblaient se jouer dans la campagne : les uns roulaient leurs eaux claires avec rapidité ; d'autres avaient une eau paisible et dormante ; d'autres par de longs détours revenaient sur leurs pas, comme pour remonter vers leur source, et semblaient ne pouvoir quitter ces bords enchantés. On apercevait de loin des collines et des montagnes qui se perdaient dans les nues, et dont la figure bizarre formait un horizon à souhait pour le plaisir des yeux. Les montagnes voisines étaient couvertes de pampre[1] vert qui pendait en festons : le raisin, plus éclatant que la pourpre, ne pouvait se cacher sous les feuilles, et la vigne était accablée sous son fruit. Le figuier, l'olivier, le grenadier, et tous les autres arbres, couvraient la campagne, et en faisaient un grand jardin.

Premier livre.

1. Tige de vigne.

Texte C – Charles Baudelaire, *Les Fleurs du Mal*, 1857

Parfum exotique

Quand, les deux yeux fermés, en un soir chaud d'automne,
Je respire l'odeur de ton sein chaleureux,
Je vois se dérouler des rivages heureux
Qu'éblouissent les feux d'un soleil monotone ;

Une île paresseuse où la nature donne
Des arbres singuliers et des fruits savoureux ;
Des hommes dont le corps est mince et vigoureux,
Et des femmes dont l'œil par sa franchise étonne.

Guidé par ton odeur vers de charmants climats,
Je vois un port rempli de voiles et de mâts
Encor tout fatigués par la vague marine,

Pendant que le parfum des verts tamariniers[1],
Qui circule dans l'air et m'enfle la narine,
Se mêle dans mon âme au chant des mariniers.

« Spleen et idéal », XXII.

1. Arbres des régions tropicales sèches d'Afrique.

Texte D – Marguerite Yourcenar, *Nouvelles orientales*, 1963

Wang-Fô est un peintre chinois, vagabondant avec son disciple Ling. On dit ses tableaux magiques. Mais un jour, il est convoqué par l'empereur qui lui adresse ces reproches.

Comment Wang-Fô fut sauvé

Je me représentais le monde, le pays de Han au milieu, pareil à la plaine monotone et creuse de la main que sillonne les lignes fatales des cinq fleuves. Tout autour, la mer où naissent les monstres, et, plus loin encore, les montagnes qui supportent le ciel. Et, pour m'aider à me représenter toutes ces choses, je me servais de tes peintures. Tu m'as fait croire que la mer ressemblait à la vaste nappe d'eau étalée sur tes toiles, si bleue qu'une pierre en y tombant ne peut que se changer en saphir, que les femmes s'ouvraient et se refermaient comme des fleurs, pareilles aux créatures qui s'avancent, poussées par le vent, dans les allées de tes jardins et que les jeunes guerriers à la taille mince qui veillent dans les forteresses des frontières étaient eux-mêmes des flèches qui pouvaient vous transpercer le cœur. À seize ans, j'ai vu se rouvrir les portes qui me séparaient du monde : je suis monté sur la terrasse du palais pour regarder les nuages mais ils étaient moins beaux que ceux de tes crépuscules. J'ai commandé ma litière : secoué sur des routes dont je ne prévoyais ni la boue ni les pierres, j'ai parcouru les provinces de l'empire sans trouver tes jardins pleins de femmes semblables à des lucioles, des femmes dont le corps est lui-même un jardin. Les cailloux des rivages m'ont dégoûté des océans ; le sang des suppliciés est moins rouge que la grenade figurée sur tes toiles ; la vermine des villages m'empêche de voir la beauté des rizières ; la chair des femmes vivantes me répugne comme la viande morte qui pend aux crocs des bouchers, et le rire épais de mes soldats me soulèvent le cœur. Tu m'as menti, Wang-Fô, vieil imposteur : le monde n'est qu'un amas de taches confuses, jetées sur le vide par un peintre insensé, sans cesse effacées par nos larmes.

Sujet de bac

Question *(1 pts)*

Comment l'homme, par son regard sur la nature, la métamorphose-t-il ?

Travaux d'écriture *(16 pts)*

■ **Commentaire :** Vous commenterez le texte B, extrait des *Aventures de Télémaque*.

■ **Dissertation :** Selon vous, comment l'homme doit-il dépeindre la nature ? Vous vous appuierez sur les textes du corpus, les œuvres que vous avez étudiées en classe ainsi que sur vos lectures personnelles.

■ **Invention :** Après avoir entendu ce réquisitoire, Wang-Fô y répond. Dans un discours organisé, il défend son choix.

Vers l'écrit du bac 2

La nature, un miroir de l'homme ?

▶ **Objet d'étude** : La question de l'Homme dans les genres de l'argumentation, du XVIᵉ siècle nos jours

Corpus

Texte A – Marc-Antoine Girard de Saint-Amant, *L'hiver des Alpes*, 1643

Dans ce poème, Saint-Amand peint un motif rare dans la poésie baroque du XVIIᵉ siècle : la haute montagne et il est particulièrement sensible à son éclat.

Ces atomes de feu qui sur la Neige brillent,
Ces étincelles d'or, d'azur et de cristal
Dont l'Hiver, au Soleil, d'un lustre oriental
Pare ses cheveux blancs que les vents éparpillent ;

Ce beau Coton du Ciel, de quoi les monts s'habillent,
Ce Pavé transparent fait du second Métal,
Et cet air net et sain, propre à l'esprit vital,
Sont si doux à mes yeux que d'aise ils en pétillent.

Cette saison me plaît : j'en aime la froideur ;
Sa Robe d'Innocence et de pure candeur
Couvre en quelque façon les crimes de la Terre.

Aussi l'Olympien la voit d'un front humain ;
Sa colère l'épargne et jamais le tonnerre
Pour désoler ses jours ne partit de sa main.

Texte B – Jean de La Fontaine, *Élégie aux nymphes de Vaux*, 1661

En 1661, alors qu'il est au sommet de sa fortune, le surintendant des Finances Fouquet, ami et mécène de La Fontaine, est arrêté sur ordre du roi, après avoir donné une somptueuse fête au château de Vaux. La Fontaine confie ainsi aux nymphes du château de Fouquet ses douleurs au sujet de son protecteur afin de fléchir le roi et d'obtenir sa clémence.

Pour M. Fouquet
Aux nymphes de Vaux

Remplissez l'air de cris en vos grottes profondes ;
Pleurez, Nymphes de Vaux, faites croître vos ondes,
Et que l'Anqueuil[1] enflé ravage les trésors
Dont les regards de Flore ont embelli ses bords.
On ne blâmera point vos larmes innocentes ;
Vous pouvez donner cours à vos douleurs pressantes :
Chacun attend de vous ce devoir généreux ;
Les Destins sont contents : Oronte[2] est malheureux.
Vous l'avez vu naguère au bord de vos fontaines,
Qui, sans craindre du Sort les faveurs incertaines,
Plein d'éclat, plein de gloire, adoré des mortels,
Recevait des honneurs qu'on ne doit qu'aux autels[3].
Hélas ! Qu'il est déchu de ce bonheur suprême !
Que vous le trouveriez différent de lui-même !
Pour lui les plus beaux jours sont de secondes nuits :
Les soucis dévorants, les regrets, les ennuis,
Hôtes infortunés de sa triste demeure,
En des gouffres de maux le plongent à toute heure.

Voici le précipice où l'ont enfin jeté
Les attraits enchanteurs de la prospérité !
Dans les palais des rois cette plainte est commune,
On n'y connaît que trop les jeux de la Fortune[4],
Ses trompeuses faveurs, ses appâts inconstants ;
Mais on ne les connaît que quand il n'est plus temps.
Lorsque sur cette mer on vogue à pleines voiles,
Qu'on croit avoir pour soi les vents et les étoiles,
Il est bien malaisé de régler ses désirs ;
Le plus sage s'endort sur la foi des Zéphyrs.
Jamais un favori ne borne sa carrière ;
Il ne regarde pas ce qu'il laisse en arrière ;
Et tout ce vain amour des grandeurs et du bruit
Ne le saurait quitter qu'après l'avoir détruit.
Tant d'exemples fameux que l'histoire en raconte
Ne suffisaient-ils pas, sans la perte d'Oronte ?
Ah ! Si ce faux éclat n'eût point fait ses plaisirs,
Si le séjour de Vaux eût borné ses désirs,
Qu'il pouvait doucement laisser couler son âge :
Vous n'avez pas chez vous ce brillant équipage,
Cette foule de gens qui s'en vont chaque jour
Saluer à longs flots le soleil de la Cour :
Mais la faveur du Ciel vous donne en récompense
Du repos, du loisir, de l'ombre, et du silence,
Un tranquille sommeil, d'innocents entretiens ;
Et jamais à la Cour on ne trouve ces biens.

Mais quittons ces pensers : Oronte nous appelle.
Vous, dont il a rendu la demeure si belle,
Nymphes, qui lui devez vos plus charmants appâts,
Si le long de vos bords Louis porte ses pas,

Tâchez de l'adoucir, fléchissez son courage.
Il aime ses sujets, il est juste, il est sage ;
Du titre de clément rendez-le ambitieux :
C'est par là que les rois sont semblables aux dieux.
Du magnanime Henri qu'il contemple la vie :
Dès qu'il put se venger il en perdit l'envie.
Inspirez à Louis cette même douceur :
La plus belle victoire est de vaincre son cœur.
Oronte est à présent un objet de clémence ;
S'il a cru les conseils d'une aveugle puissance,
Il est assez puni par son sort rigoureux ;
Et c'est être innocent que d'être malheureux.

1. Nom d'une rivière qui coule près de Vaux.
2. Dans la mythologie, nom d'un fleuve. Désigne ici Fouquet qui, pareil au fleuve, a su combler de ses bienfaits ceux qui sont à ses côtés.
3. Rappel de la magnificence de la fête donnée par Fouquet.
4. Ici, le sort.

Texte C – François-René de Chateaubriand, *René*, 1802

Dans ce roman qui marque les débuts du romantisme en France, René, un Français exilé en Amérique, évoque son mal-être existentiel.

Quand le soir était venu, reprenant le chemin de ma retraite, je m'arrêtais sur les ponts, pour voir se coucher le soleil. L'astre, enflammant les vapeurs de la cité, semblait osciller lentement dans un fluide d'or, comme le pendule de l'horloge des siècles. Je me retirais ensuite avec la nuit, à travers un labyrinthe de rues solitaires. En regardant les lumières qui brillaient dans les demeures des hommes, je me transportais par la pensée au milieu des scènes de douleur et de joie qu'elles éclairaient ; et je songeais que sous tant de toits habités, je n'avais pas un ami. Au milieu de mes réflexions, l'heure venait frapper à coups mesurés dans la tour de la cathédrale gothique ; elle allait se répétant sur tous les tons et à toutes les distances d'église en église. Hélas ! chaque heure dans la société ouvre un tombeau, et fait couler des larmes.

Cette vie, qui m'avait d'abord enchanté, ne tarda pas à me devenir insupportable. Je me fatiguai de la répétition des mêmes scènes et des mêmes idées. Je me mis à sonder mon cœur, à me demander ce que je désirais. Je ne le savais pas ; mais je crus tout à coup que les bois me seraient délicieux. Me voilà soudain résolu d'achever, dans un exil champêtre, une carrière à peine commencée, et dans laquelle j'avais déjà dévoré des siècles.

J'embrassai ce projet avec l'ardeur que je mets à tous mes desseins ; je partis précipitamment pour m'ensevelir dans une chaumière, comme j'étais parti autrefois pour faire le tour du monde.

On m'accuse d'avoir des goûts inconstants, de ne pouvoir jouir longtemps de la même chimère, d'être la proie d'une imagination qui se hâte d'arriver au fond de mes plaisirs, comme si elle était accablée de leur durée ; on m'accuse de passer toujours le but que je puis atteindre : hélas ! je cherche seulement un bien inconnu, dont l'instinct me poursuit. Est-ce ma faute, si je trouve partout des bornes, si ce qui est fini n'a pour moi aucune valeur ? Cependant je sens que j'aime la monotonie des sentiments de la vie, et si j'avais encore la folie de croire au bonheur, je le chercherais dans l'habitude.

La solitude absolue, le spectacle de la nature me plongèrent bientôt dans un état presque impossible à décrire. Sans parents, sans amis, pour ainsi dire seul sur la terre, n'ayant point encore aimé, j'étais accablé d'une surabondance de vie. Quelquefois je rougissais subitement, et je sentais couler dans mon cœur comme des ruisseaux d'une lave ardente ; quelquefois je poussais des cris involontaires, et la nuit était également troublée de mes songes et de mes veilles. Il me manquait quelque chose pour remplir l'abime de mon existence : je descendais dans la vallée, je m'élevais sur la montagne, appelant de toute la force de mes désirs l'idéal objet d'une flamme future ; je l'embrassais dans les vents ; je croyais l'entendre dans les gémissements du fleuve ; tout était ce fantôme imaginaire, et les astres dans les cieux, et le principe même de vie dans l'univers.

Texte D – Anton Tchekhov, *La Steppe, histoire d'un voyage*, 1888.

Un garçon de neuf ans quitte sa mère pour se rendre au lycée et, pendant quatre jours, va traverser la steppe avant d'atteindre la grande ville. Ce voyage, qui traîne en longueur pour un enfant séparé de sa mère, se transforme en voyage initiatique.

À peine le soleil s'est-il couché et la brume a-t-elle enveloppé la terre que la tristesse du jour est oubliée, que tout est pardonné et que la steppe respire allègrement, à pleins poumons. Comme si, ne voyant plus son âge dans l'obscurité, l'herbe laissait monter un concert de joie et de jeunesse ; craquements, sifflements, crissements, basses, ténors et sopranos de la steppe, tout se fond en une rumeur ininterrompue, monotone, propice au rappel des souvenirs et de la mélancolie. Ce crépitement uniforme vous endort comme une berceuse ; on roule et on sent que l'on s'assoupit, mais bientôt retentit quelque part l'appel saccadé, inquiet d'un oiseau pas encore endormi ou une voix mal définie, on dirait une voix humaine, quelque chose comme un « ah ! » étonné, et la somnolence alourdit vos paupières. Parfois, longeant une ravine parsemée de buissons, on entend l'oiseau que les habitants de la steppe appellent le dormeur crier « dor-dor-dor » ; un autre rit ou part d'un sanglot hystérique : c'est le hibou. Pour qui crient-ils et qui les écoute dans cette plaine, Dieu seul le sait, mais leur plainte est si mélancolique… Cela sent le foin, l'herbe sèche et les fleurs tardives, mais l'odeur en est lourde, fade et suave à la fois.

À travers la brume, on voit tout, mais il est difficile de discerner les couleurs et les contours. Les choses semblent ne pas être que ce qu'elles sont. On roule et soudain, au beau milieu de la route, apparaît une silhouette pareille à celle d'un moine ; elle ne bouge pas, elle attend, elle tient un objet vague dans les mains… Ne serait-ce pas un brigand ? Cette forme se rapproche, grandit, la voici à la hauteur de la voiture et on s'aperçoit alors que ce n'est pas un homme mais un buisson solitaire ou une grosse pierre. D'autres silhouettes semblables, immobiles, attendant on ne sait qui, se dressent sur les collines, se cachent derrière les tumulus, surgissent entre les hautes herbes, et toutes ressemblent à des êtres humains et inspirent la méfiance.

Mais quand la lune se lève, la nuit pâlit et s'assombrit. De brume, plus de trace. L'air est transparent, frais et tiède, on voit tout, on distingue même au bord de la route les tiges isolées des hautes herbes. À perte de vue on aperçoit des crânes et des pierres. Les silhouettes de moines suspectes semblent, sur le fond clair de la nuit, plus noires et plus revêches. De plus en plus souvent, au milieu des craquements monotones qui troublent l'air immobile, retentit un « ah ! » d'étonnement ou le cri d'un oiseau qui rêve ou ne s'est pas encore endormi. De larges ombres passent sur la steppe, comme des nuages sur le ciel, et si l'on scrute longuement l'indiscernable plaine, on voit se dresser et s'amonceler les unes sur les autres des formes vaporeuses, fantastiques… On a un peu peur. On regarde le ciel vert pâle, semé d'étoiles, sans un nuage, sans une tache, et l'on comprend pourquoi l'air tiède est immobile, pourquoi la nature est sur le qui-vive et n'ose pas bouger : elle a peur de perdre un instant de vie, elle ne le voudrait pas.

in *Le Goût du voyage*, trad. d'Édouard Parayre révisée
par Lily Denis,

Sujet de bac

Questions *(4 pts)*

Comment la nature se fait-elle le miroir, voire l'instrument des préoccupations humaines dans ces textes ?

Travaux d'écriture *(16 pts)*

■ **Commentaire** : Vous commenterez le texte A.

■ **Dissertation** : Selon vous, toute évocation de paysage dans un texte est-elle mise au service d'une peinture des sentiments, des préoccupations de l'homme ? Vous vous appuierez sur les textes du corpus, les œuvres que vous avez étudiées en classe, ainsi que sur vos lectures personnelles.

■ **Invention** : À votre tour, rédigez un texte à la première personne du singulier dans lequel le paysage reflète des sentiments divers.

Question d'actualité

Comment comprendre l'engouement pour les fictions catastrophes ?

1 • Nommez des œuvres de fiction mettant en scène un monde apocalyptique.

2 • **a.** En vous appuyant sur les documents suivants et sur vos connaissances personnelles, montrez les points communs à ces fictions post-apocalyptiques : représentations du monde, réactions des personnages...
b. Comment le document 4 trouve-t-il sa place dans ce corpus de documents ?

3 • Comment expliquez-vous ces fantasmes cauchemardesques ?

4 • Quelles peuvent être les fonctions de ces fictions catastrophes ?

Texte 1 • Michel Houellebecq, *La Possibilité d'une île*, 2005

Une espèce de joie descend du monde sensible. Je suis rattaché à la Terre.

Les falaises, d'une noirceur intégrale, plongent aujourd'hui par paliers verticaux jusqu'à une profondeur de trois mille mètres. Cette vision, qui effraie les sauvages, ne m'inspire aucune terreur. Je sais qu'il n'y a pas de monstre dissimulé au fond de l'abîme : il n'y a que le feu, le feu originel.

La fonte des glaces intervint au terme de la Première Diminution, et fit passer la population de la planète de quatorze milliards à sept cents millions d'hommes.

La Seconde Diminution fut plus graduelle ; elle se produisit tout au long du Grand Assèchement, et continue de nos jours.

La Troisième Diminution sera définitive ; elle reste à venir.

Nul ne connaît la cause du Grand Assèchement, du moins sa cause efficiente. On a bien entendu démontré qu'il venait de la modification de l'axe de rotation de la Terre sur le plan de son orbite ; mais l'événement est jugé très peu probable, en termes quantiques.

Le Grand Assèchement était une parabole nécessaire, enseigne de la Sœur suprême ; une condition théologique au Retour de l'Humide.

La durée du Grand Assèchement sera longue, enseigne également la Sœur suprême.

Le Retour de l'Humide sera le signe de l'avènement des Futurs.

« Daniel, 24,9 », *La Possibilité d'une île*, © J'ai lu, 2005, p. 108.

Texte 2 • Cormac Mac Carty, *La Route*, 2008

La route traversait un marécage desséché où des tuyaux de glace sortaient tout droits de la boue gelée, pareils à des formations dans une grotte. Les restes d'un ancien feu au bord de la route. Au-delà une longue levée de ciment. Un marais d'eau morte. Des arbres morts émergeant de l'eau grise auxquels s'accrochait une mousse de tourbière[1] grise et fossile. Les soyeuses retombées de cendre contre la bordure. Il s'appuyait au ciment rugueux du parapet. Peut-être que dans la destruction du monde il serait enfin possible de voir comment il était fait. Les océans, les montagnes. L'accablant contre-spectacle des choses en train de cesser d'être. L'absolue désolation, hydropique[2] et froidement temporelle. Le silence.

Ils commençaient à rencontrer des pinèdes mortes, fauchées par les tempêtes. De vastes pans de ruines taillés à même le paysage. Les décombres de bâtiments épars à travers la campagne et les écheveaux de fils électriques tombés des poteaux le long de la route et emmêlés comme de la laine à tricoter. La route était jonchée de débris et c'était dur d'y pousser le caddie. Ils finirent par s'asseoir au bord de la route, contemplant d'un œil vide ce qu'il y avait devant eux. Des toits de maisons, les troncs d'arbre. Un bateau. Le plein ciel au loin où la mer maussade traînait et remuait.

Ils triaient les débris le long de la route et il finit par trouver un sac en toile qu'il pouvait porter à l'épaule et une valise pour le petit. Ils y emballèrent leurs couvertures et la bâche et ce qui restait de conserves et repartirent avec leurs sacs à dos et leurs bagages en abandonnant le caddie derrière eux. Grimpant à travers les ruines. Progressant lentement. Il était forcé de s'arrêter pour reprendre haleine. Il s'assit au bord de la route sur un canapé aux coussins gonflés d'humidité. Penché en avant, toussant. Il retira de son visage le masque taché de sang et le rinça dans le fossé et le tordit et resta debout sur la route. Le panache blanc de son haleine. L'hiver était déjà sur eux. Il se retourna et regarda le petit. Debout avec sa valise comme un orphelin en train d'attendre un car.

Ils arrivèrent au bout de deux jours à un estuaire à marée où le pont effondré gisait dans l'eau qui remuait doucement. Ils s'assirent sur les restes du mur de soutènement de la route et regardèrent l'eau de la rivière refluer et tourbillonner autour du treillis métallique. Il essayait de voir de l'autre côté de l'eau quelle sorte de contrée il y avait.

Qu'est-ce qu'on va faire, Papa ? dit-il.

C'est bien ce que je me demande, dit le petit.

1. Sorte de marais où se développent des végétaux ras qui ne se décomposent jamais complètement.
2. Ici, gorgé d'eau à l'excès.

Document 3 • Roland Emmerich, *Le Jour d'après*, 2004

Texte 4 • Guillaume du Bartas, *La Première Semaine ou Création du monde*, 1578

Un jour de comble-en-fond[1] les rochers crouleront ;
Les monts plus sourcilleux de peur se dissoudront ;
Le Ciel se crèvera : les plus basses campagnes
Boursouflées croîtront en superbes montagnes ;
Les fleuves tariront, et si dans quelque étang
Reste encor quelque flot, ce ne sera que sang ;
La mer deviendra flamme : et les sèches baleines,
Horribles, meugleront sur les cuites arènes ;
En son midi plus clair le jour s'épaissira,
Le ciel d'un fer rouillé sa face voilera ;
Sur les astres plus clairs courra le bleu Neptune[2] ;
Phoebus[3] s'emparera du noir char de la Lune ;
Les étoiles cherront[4]. Le désordre, la nuit,
La frayeur, le trépas[5], la tempête, le bruit,
Entreront en quartier ; et l'ire[6] vengeresse
Du juge criminel, qui jà déjà nous presse,
Ne fera de ce Tout qu'un bûcher flamboyant,
Comme il n'en fit jadis qu'un marais ondoyant.

1. Entièrement, totalement.
2. Nom latin de Poséidon, dieu des mers.
3. Nom latin d'Apollon, dieu du soleil.
4. Futur de *choir*, « tomber ».
5. La mort.
6. Colère.

Rencontre avec

Francis Hallé

Docteur en biologie et en botanique, Francis Hallé est spécialiste en écologie des forêts tropicales humides. Parmi ses travaux, les missions qu'il a dirigées de 1986 à 2003 ont permis d'étudier la forêt depuis une installation au-dessus de la canopée. Fervent défenseur des forêts primaires, il a collaboré avec Luc Jacquet pour le film *Il était une forêt* (2013) sur les dernières grandes forêts du monde et les dangers qui les guettent.
Il a notamment publié : *Le Radeau des cimes, l'exploration des canopées forestières* (Lattès, 2000 – Prix André Soubiran) ; *Plaidoyer pour l'arbre* (Actes Sud, 2005 – prix « Homme et botanique ») ; *Un jardin après la pluie* (Armand Colin, 2013) et *Atlas de botanique poétique* (Arthaud, 2016), véritable voyage à la découverte de plantes extraordinaires.

▸ ***Pouvez-vous expliquer dans quelles conditions, quelles circonstances vous regardez le monde végétal ?***

Sur notre planète, la diversité biologique maximale – microbes, plantes et animaux – se situe à la latitude de l'équateur (0°). Étant botaniste, il est normal que

je choisisse de travailler là où les plantes sont les plus nombreuses.
Cela explique pourquoi la flore des forêts tropicales est celle que je préfère ; la flore d'Europe et des autres régions à hivers froids est moins riche, moins variée, moins fantaisiste et surtout beaucoup moins belle. Je voyage donc vers les tropiques – de 23° Nord à 23° Sud – au moins une fois par an, pour y faire des récoltes d'herbiers, dessiner les plantes et étudier leurs particularités biologiques.

▸ ***Comment qualifieriez-vous votre propre regard sur le monde végétal et plus particulièrement sur les arbres ?***

Il est facile de constater que, si beaucoup de nos contemporains voient les arbres, très peu d'entre eux se donnent la peine de les regarder et de chercher à comprendre comment ils poussent. Je regarde les arbres avec empathie et amitié : je ne songe pas un instant à cacher la sympathie qu'ils m'inspirent et l'admiration que j'éprouve à leur égard.
Pour comprendre leurs architectures, qui est au centre de ma recherche, il est nécessaire de rester très attentif à l'écoulement du « temps de l'arbre », car ici le « temps de l'homme » est sans valeur. Les arbres ont l'immense mérite de me donner accès à un univers d'architectures nouvelles. Ni les humains ni les animaux ne montrent de formes véritablement originales. C'est cette altérité des arbres qui m'intéresse.

▸ ***Quel enseignement peut-on tirer de l'observation de la nature ?***

Toute la connaissance humaine s'enracine dans l'observation de la nature et je ne vois pas d'autre source d'enseignement que celle-là. Que vous soyez intéressé par notre milieu physique, par la diversité biologique ou par l'être humain, ses mœurs, ses œuvres ou ses techniques, l'observation de la nature sera toujours à la base de votre discipline. Des activités intellectuelles comme la philosophie ou les arts, et des sciences qui semblent très éloignées du milieu naturel – chimie, physique nucléaire, mathématiques, génétique ou biologie moléculaire – n'auraient pas vu le jour si nos prédécesseurs n'avaient pas puisé leur inspiration dans la simple observation de ce qui les entourait.

▸ ***Vous invitez les êtres humains à changer leur regard, leur comportement à l'égard du monde végétal. Comment expliquez-vous cette nécessaire « révolution intellectuelle » que vous évoquez souvent ?***

L'être humain passe son temps à s'observer et à s'admirer lui-même et il néglige d'observer les plantes ; elles sont immobiles et silencieuses, donc elles ne sont pas vivantes pour beaucoup d'entre nous. Pourtant les plantes, outre qu'elles nous permettent de vivre au quotidien, sont nos meilleures alliées pour surmonter les dégradations écologiques qui s'annoncent. L'espèce humaine est une espèce jeune, qui commence juste à s'intéresser à ce qui l'entoure. Comprendre les animaux a été relativement facile, puisqu'ils nous ressemblent. Comprendre les plantes, c'est plus difficile mais c'est aussi plus gratifiant : c'est travailler à améliorer notre avenir.

▶ ***Les arbres que vous dessinez ont quelque chose de merveilleux…***

C'est gentil de me dire ça. Mais les arbres sont beaucoup plus beaux que mes dessins ! N'y voyez pas une critique, mais cette phrase si aimable est caractéristique du comportement de l'être humain : il ne voit pas ou ne regarde pas le réel et seules les représentations qui franchissent le filtre de l'humain méritent des éloges.

▶ ***Votre ouvrage intitulé* Atlas de botanique poétique *lie la discipline scientifique et la poésie : comment l'une et l'autre interagissent-elles selon vous ?***

Le langage scientifique a ses mérites, mais il a aussi ses limites. Lorsqu'elles sont atteintes, le scientifique doit-il s'arrêter ? Ce serait regrettable car le langage poétique est là pour prendre le relais et aller beaucoup plus loin. Sur les arbres, Paul Valéry a eu des intuitions poétiques fulgurantes. Par exemple, « la plante fait voir son temps » dans *Le dialogue de l'arbre*. Valéry était très en avance sur la science de son époque ; la formulation récente est celle-ci : « La plante, c'est du temps rendu visible ».

▶ ***Le combat écologique est essentiel et laisse cependant peu d'espoir : quels conseils donneriez-vous aux jeunes lecteurs de cette anthologie ?***

Je leur conseille de s'engager dans ce combat, sans hésiter, avec courage, pas comme des idéologues, des extrémistes ou des membres d'une secte, mais comme des êtres humains responsables, conscients de leurs lacunes, fiers d'avancer dans la bonne direction et n'oubliant jamais que l'humanité mérite elle aussi d'être protégée. Ils devront garder bon moral – ce qu'apparemment vous n'avez pas puisque, dites-vous, ce combat « laisse peu d'espoir ». Je ne suis pas de votre avis !

Index des auteurs

ARAGON (Louis) 107
BAUDELAIRE (Charles) 125
BONNEFOY (Yves) 89
BUFFON 19
CÉLINE (Louis-Ferdinand) 54
CHAMOISEAU (Patrick) 90
CHATEAUBRIAND (François-René de) 131
DEFOE (Daniel) 38
DIDEROT (Denis) 123
FÉNELON 124
FLAUBERT (Gustave) 23
FOURCADE (Dominique) 110
GIONO (Jean) 50, 87
GLISSANT (Édouard) 90
HALLÉ (Francis) 28
HARRISON (Jim) 68
HOMÈRE 98
HUGO (Victor) 48, 105
KÉRANGAL (Maylis de) 70
LA BRUYÈRE (Jean de) 18
LA FONTAINE (Jean de) 129
LAUTRÉAMONT 45
LOIZEAU (Sophie) 74
LUCRÈCE 62
MONTAIGNE (Michel de) 64
MOUAWAD (Wajdi) 72
OVIDE 84
PLATON 82
PONGE (Francis) 66
RABELAIS (François) 101
RONSARD (Pierre de) 86
ROUSSEAU (Jean-Jacques) 21
SAINT-AMANT (Marc-Antoine Girard de) 128
SCUDÉRY (Madeleine de) 103
TCHEKHOV (Anton) 133
THOREAU (Henry David) 43
TROYES (Chrétien de) 99
URFÉ (Honoré d') 36
VIRGILE 16
VOLTAIRE 41
YOURCENAR (Marguerite) 126
ZOLA (Émile) 26

Table des illustrations

Couverture : *Sans titre* d'après le Douanier Rousseau © Patrick Esther

12 : Louis Carrogis dit Carmontelle (1717-1806), *Carmontelle donnant les clefs du Parc Monceau à Paris pour le duc de Chartres*, huile sur toile, Musée Carnavelet, Paris © BRIDGEMAN IMAGES
15 : © Éditions Flammarion 2016
17 : BIS / Ph. Coll. Archives Labor
25 : © Lynea / SHUTTERSTOCK
30 : Ravenna / LEEMAGE.COM
35 : © Deagostini / LEEMAGE-OPALE
37 : Bis / Ph. Yves Caillat © Archives Labor
40 : © DeAgostini / LEEMAGE
42 : BIS / Ph. Coll. Archives Nathan
47 : © grandfailure / ADOBE STOCK PHOTO
49 : BIS / Ph. Coll. Archives Labor
54 : © Editions Gallimard – Futuropolis – La collection
61 : © Tim Chapman
71 : © Faviel _Raven / SHUTTERSTOCK
73 : © Michael Steddum
75 : © Eric Sander pour le Domaine de Chaumont-sur-Loire
81 : BRIDGEMAN IMAGES
83 : BIS / Ph. Hubert Josse © Archives Labor
85 : LEEMAGE / Andrea Jemolo
97 : © nicoolay / SHUTTERSTOCK
102 : © Photo Josse / LEEMAGE
106 : Justin Creedy Smith / AKG-Images
109 : JHVEP photo / SHUTTERSTOCK
111 : BRIDGEMAN IMAGES
116 : Installation « *Carré et rond* », jardin de Yu Kongjian, Domaine de Chaumont-sur-Loire, juin 2015. © Samuel Hense / Hans Lucas
137 : *Le jour d'après* (*The day of tomorrow*) 2004, réalisateur Roland Emmerich / Collection CHRISTOPHE L © Twentieth Century Fox

Planche I : Musée Frans Hals, Haarlem, Pays-Bas
Planche II : © Jean-François Spricigo / Jean-François Spricigo est représenté en France par la galerie Camra Obscura à Paris
Planche III : © François Méchain / courtesy galerie michèle chomette, Paris
Planche IV : British Library

Conception graphique : Julie Lannes, Géraldine Chazel
Design de couverture : Élise Launay
Recherche iconographique : Gaëlle Mary
Mise en page : STDI
Édition : Valérie Antoni, Sonia Berthelot

FSC
www.fsc.org
MIXTE
Papier issu de sources responsables
FSC® C022030

N° édition : 10238516 - Dépôt légal : décembre 2017
Imprimé en France par la Nouvelle Imprimerie Laballery - N° 711217

La Nouvelle Imprimerie Laballery est titulaire de la marque Imprim'Vert®